AF405175

R 1477
A.

(C.)

6360

MEMOIRE
SUR L'ETABLISSEMENT
DE LA TAILLE
PROPORTIONELLE.

Par M. l'abbé de S. Pierre.

AVERTISSEMENT.

J'Ai doné il y a quatre mois quelques copies de la premiere Ebauche de cet Ouvrage, je l'ai depuis augmenté de plus d'un tiers, j'y ai fait beaucoup de corrections, & j'y ai mis un arangement plus convenable. J'ay eu plusieurs raisons pour faire imprimer quelques exemplaires de ce Memoire; la premiere, c'est que j'espere que ceux, qui aiment le bien public, après l'avoir lû, me communiqueront ou quelques nouveaux motifs ou quelques nouveaux moyens pour faciliter l'établissement de la Taille proportionelle, ou quelques nouvelles dificultés, qui paroissent s'y oposer, afin que dans une nouvelle Edition je fasse usage des uns, & que je tâche d'aporter les éclaircissemens necessaires pour les autres.

A

La seconde, c'est que j'ai remarqué que dans le monde il y a toûjours un grand nombre de perſones, qui faute de lumieres ſufiſantes pour voir toute l'utilité d'un établiſſement qui ſe propoſe, ſont toûjours diſpoſées à le blâmer, & à s'y opoſer ſourdement : or j'eſpere qu'après avoir lû cet Ouvrage, non-ſeulement ils ne fronderont point l'établiſſement de la Taille proportionelle ; mais qu'au contraire ils emploieront volontiers tout leur crédit pour le faire réüſſir.

La 3ᵉ. raiſon de l'impreſſion, c'est qu'il ne faut pas croire que les Memoires, quand ils ont ſervi à produire un reglement utile, un établiſſement avantageux, deviennent inutiles après la formation de cet établiſſement : 1º. il peut ariver que dans la ſuite il ſe trouve des Miniſtres, qui faute de conoître tous les motifs de cet établiſſement ſoient tentez de le renverſer : or en voyant le Memoire fondamental ils ſe garantiront facilement d'une pareille tentation : 2º. il peut ariver que pluſieurs articles du reglement tombent dans l'inobſervation, ou ſoient ſujets à quelques inconveniens : or il ſera incomparablement plus aiſé d'y remedier pour celui, qui aura lû & medité le Memoire fondamental, qui en aura tout le ſyſtême dans la tête, & qui aura pû ainſi profiter des lumieres de ſes prédéceſſeurs que pour celui, qui n'aura pas eu un pareil ſecours : 3º. ces

Memoires fondamentaux font quafi les feuls bons moyens, que nous ayions de nous inftruire à fond de toutes les parties de la politique : or comme je le démontre dans un autre Memoire , il n'y a aucune fcience qu'il foit plus important de culti-ver dans un Etat , que la politique tant pour former un grand nombre d'excellens Miniftres, que pour perfectionner beaucoup davantage les Reglemens, foit pour l'avantage de celui qui gou-verne , foit pour l'avantage de ceux qui font gouvernez.

PREFACE.

QUiconque fait atention foit aux premiers principes de l'équité naturelle , foit aux ma-ximes fondamentales de toute focieté civile , con-vient facilement que les fubfides néceffaires pour foûtenir un Etat doivent être impofez fur chaque Sujet à proportion des biens , qu'il y poffede ; mais il s'en faut bien que les homes veüillent fuivre dans la pratique , ce qu'ils trouvent fi équitable & fi rai-fonnable dans la fpéculation.

Le long féjour , que je fis il y a quelques années à *Saint Pierre Eglife* dans la Généralité de Caën, & à *Crevecœur fur-Eure* dans la Généralité de Roüen, où j'étois témoin malheureux de la grande mifere des Péifans de la campagne, m'obligea plufieurs fois à chercher quelques remedes à leurs maux ; ainfi en étudiant la maniére, dont ils impofoient la Taille,

A ij

je m'aperçûs que la principale caufe de leurs plus grans malheurs venoit de ce que dans l'impofition de ce fubfide, les Collecteurs s'éloignoient tous comme à l'envi du fyftême de la proportion & de la juftice.

Je cherchai donc dèslors les moyens de mettre, s'il étoit poffible, les Collecteurs dans l'heureufe né-ceffité de pratiquer dans l'impofition de la Taille cette jufte proportion, dont ils s'éloignoient; j'a-vois déja envifagé les principaux avantages, qui en devoient revenir à l'Etat, j'avois trouvé les moyens principaux pour procurer un bien fi confiderable; mais je n'avois pas eu jufqu'icy le loifir de mettre mes penfées en ordre, & de démontrer aux autres ce que je m'étois déja démontré à moi-même; une vûë encore plus importante m'avoit occupé, mais comme j'ai apris que le Confeil fongeoit à cette af-faire, je me fuis hâté de reprendre mon ancien travail, pour feconder felon mon pouvoir les bonnes intentions du fage Prince, qui nous gouverne.

J'expoferai dans le premier Chapitre les maux, que caufe la difproportion dans l'impofition de la Taille & les avantages, qui refulteroient de la pra-tique de la proportion.

Dans le fecond, je propoferai les moyens, qui m'ont paru les plus propres pour faire pratiquer conftament cette proportion.

Dans le troifiéme, j'éclaircirai quelques dificul-tez en répondant à plufieurs objections.

Chapitre Premier.

AVANTAGES

De l'Impoſition proportionelle de la Taille.

LA finance eſt une des plus importantes parties du gouvernement, la bone adminiſtration de la Taille eſt la plus importante partie de la finance & l'impoſition proportionelle eſt la plus importante partie de cette adminiſtration ; on va voir en détail les avantages de cette proportion.

PREMIER AVANTAGE.

Nul des Taillables ne ſeroit ruiné par la Taille.

J'ai compris par quelques ſuputations & par quelques informations, que j'ai faites, que la Taille en Normandie montoit l'année paſſée à peu près au cinquiéme du revenu des Taillables; ainſi ce ſubſide reviendroit aux quatre Schelings par livre Sterling des revenus des Terres en Angleterre, & au centié-me denier des capitaux de toutes ſortes de biens en Holande.

Cet Impôt quoique fort onereux ne ſeroit pas cependant ruineux, ſi dans la répartition entre les Paroiſſes de chaque Election, & entre les Taillables de chaque Paroiſſe on obſervoit une juſte propor-tion ; mais 1°. il arive que les Intendans forcez par les recomandations de perſones de conſideration

A iij

déchargent certaines Paroiffes , & en furchargent d'autres : 2°. Lorfque les Collecteurs font l'impofi- tion , il arive que les uns par haine & par vengean- ce, les autres par ignorance des biens des Taillables, les uns atirez par des promeffes , les autres intimi- dez par des menaces impofent la Taille avec beau- coup de difproportion, & déchargent les uns pour furcharger les autres ; j'ai vû des Taillables , qui payoient la moitié de leur revenu, d'autre les quatre cinquiémes , tandis que les plus riches ne payoient pas le dixiéme , & quelques-uns le vintiéme de leur revenu.

Il arive delà que les vilages non protegez , que les Taillables non protegez font enfin ruinez les uns après les autres par cette malheureufe difpropor- tion , & ce qui eft de pis leur ruine entraîne bientôt après la ruine même des villages & des particuliers protegez, parce qu'ils font forcez de porter les an- nées fuivantes le fardeau entier pour n'avoir pas voulu le partages proportionellement avec les non protegez : or n'eft-il pas vifible que fi l'impofition étoit proportionée aux biens de chacun, fi les In- tendans n'avoient plus le pouvoir de décharger une Paroiffe pour en furcharger une autre , s'ils n'a- voient d'autre pouvoir que de fuivre l'eftimation des biens de chaque Paroiffe, fi les Collecteurs n'a- voient plus d'autre pouvoir que de fe conformer à l'eftimation des biens de chaque particulier, chacun des Taillables ne péyant que la cinquiéme partie de fon revenu, aucun d'eux ne feroit jamais ruiné par la Taille.

II. AVANTAGE.

*Tous les Taillables auroient une protection égale
& immortelle.*

Les protections des Paroiſſes en général & des
Taillables en particulier ſont toutes partiales, mor-
telles & paſſageres; elles leur coûtent, & ne font que
rétarder de quelque tems la ruine des protegez : car
c'eſt le deſtin des familles protectrices d'être tantôt
puiſſantes & tantôt foibles, c'eſt le deſtin des protecteurs de mourir, ainſi c'eſt le deſtin des petits
d'être tantôt protegez, & tantôt ſans protection,
d'un autre côté le propre de la recomandation &
de la protection, c'eſt d'être partiale & injuſte, &
le propre de l'injuſtice, c'eſt de ruiner les Citoyens
les uns après les autres & les uns par les autres, au
lieu que le propre de la loi eſt d'être juſte, de conſerver à chacun ce qui lui apartient, c'eſt d'être
égale pour tous les Citoyens, c'eſt de ſoûtenir les
foibles contre les forts, de proteger les enfans comme elle a protegé les peres, & cette protection ne
leur coûtera ni ſoins ni préſens ni ſervices, & elle
ſera égale, conſtante, & immortelle.

III. AVANTAGE.

Les Colecteurs ne ſeroient plus ruinés par la colecte.

Les Colecteurs obligez de faire les deniers bons
d'un grand nombre d'inſolvables ou de Taillables
trop chargez ſont ordinairement ruinés & forcés à
achever de ruiner les trop chargez, tel eſt l'effet de

la difproportion, au lieu que par l'établiffement de la proportion le revenu de chaque Taillable étant cinq fois plus grand que ne fera fon impofition , il n'y aura prefque jamais aucune perte à craindre pour les Colecteurs ; cette perte, que font tous les ans les Colecteurs , monte cependant à plus d'un fixiéme de la Taille de la Paroiffe , & c'eft une des fources principale de la ruine des Taillables.

IV. AVANTAGE.

Les Taillables peyroient beaucoup moins de frais.

D'où viennent les frais , fi ce n'eft de l'impuif-fance de peyer ? & cette impuiffance ne fe trouve-t-elle pas dans ceux , qui font chargez au-delà de leurs forces ? Remettez la proportion , le pauvre aura à proportion autant de facilité de peyer fa petite cote , que le riche aura de facilité à peyer la fienne, nul ne fera chargé au-delà de fes forces ; cependant on fait que ces frais montent fouvent pour une Paroiffe au quart , & quelquefois à la moitié de la fomme impofée.

V. AVANTAGE.

Beaucoup moins de procès entre les Taillables.

La plûpart des procès entre les Taillables ne font que des plaintes contre une impofition difproportionée ; remettez la proportion & toutes ces plaintes cefferont, les Taillables épargneront les frais des procès & mettront à profit les journées, qu'ils em-
ploye nt

ployent à plaider ; or ces procès montent année commune au moins au dixiéme de la Taille.

VI. A V A N T A G E.

Les Taillables feroient plus encouragez au travail.

Si chacun des Taillables étoit feur de n'être jamais
impofé que par proportion à fon revenu & à fon gain
annuel, s'il étoit feur de n'être jamais ruiné par la
Taille, chacun feroit feur de pouvoir conferver le
bien, qu'il pouroit aquerir foit par fon grand travail, foit en rifquant quelque chofe, foit par fa grande économie, foit par les efforts de fon induftrie,
mais la plûpart n'ont aucune fureté de conferver ni
ce qu'ils ont, ni ce qu'ils pouroient acquerir &
voyant leurs voifins tomber chaque jour devant eux
par les malheureux effets de la difproportion, ils fe
découragent & choififfent de demeurer pauvres &
faineans, plûtôt que de fe doner bien de la peine pour
retomber bien-tôt dans la pauvreté ; or il eft incroïa-
ble combien ce découragement général de la plûpart des Taillables caufe de perte à l'Etat.
Quand l'efclave, qui travaille beaucoup n'a pas
plus de recompenfe, que celui, qui travaille peu, il
diminuë bien-tôt fon travail & alors entre les efclaves, c'eft à qui travaillera le moins ; ce défaut de proprieté ou ce qui revient au même le défaut de fureté de proprieté eft un défaut fondamental dans tout
gouvernement politique ; or l'impofition arbitraire
& difproportionée, qui ruine les Taillables les uns
après les autres, diminuë confiderablement en eux

la feureté de leur proprieté , & par conféquent le
defir de travailler & de faire des efforts pour rendre
leur condition meilleure & pour aſſurer quelque
choſe à leurs enfans, au lieu qu'en établiſſant une
proportion conſtante dans l'impofition , on donera
la moitié plus de fureté de proprieté aux Taillables ;
ainſi on augmentera leur travail & leur induſtrie
d'une moitié; & par conſequent l'on procurera à l'E-
tat un revenu nouveau , qui poura monter à la moitié de la taille même.

VII. AVANTAGE.

Les Taillables mettroient plus d'argent dans le Comerce.

Dans l'Etat preſent de l'impofition arbitraire &
difproportionée, le Taillable, qui a quelque argent,
le tient ſoigneuſement caché, parce qu'il voit que
cet argent feroit bien-tôt perdu pour lui & enlevé
par les Colecteurs, s'il le mettoit en marchandiſes,
pluſieurs même le cachent dans la terre, de peur d'ê-
tre ou foüillez ou volez, & ſouvent c'eſt un argent
entierement perdu pour l'Etat, parce qu'ils meurent
ſans reveler leur ſecret, le Comerce en ſoufre beaucoup, au lieu que ſi ce même Taillable étoit ſeur,
que l'impofition feroit toujours proportionée au revenu & au profit annuel de chacun, il eſt certain que
loin de tenir ſes dix piſtoles cachées, il les mettroit
le lendemain en marchandiſes & aimeroit bien
mieux tirer ainſi dix francs, quinze francs par an de
profit de ſon argent & en payer vingt ſous, trente
ſous de plus de Taille, que de n'en tirer aucune ſorte

de profit, & de courir encore le rifque d'être volé ;
or la multitude de ces petits profits étant prodigieu-
fe, elle pouroit monter à plus de la moitié du produit de la Taille.

VIII. AVANTAGE.

Les Taillables tireroient beaucoup plus de fecours des exemts.

Si les Gentilshomes & autres exémts étoient feurs
que les Taillables, qui font bons ménagers, ne feroient jamais ruinez ni par la colecte ni par la taille,
ils leur prêteroient beaucoup plus fouvent de quoi
faire mieux valoir leurs terres & leur petit comerce,
chacun auroit une vache, une vingtaine de brebis
de plus, &c. or le profit, qui en refulteroit dans le
Comerce iroit encore fort loin.

IX. AVANTAGE.

Il y auroit beaucoup moins de haine entre les Taillables,
& beaucoup plus de comerce.

Dans l'impofition difproportionelle il y a beaucoup de haines entre les Habitans augmentées par les
procès, ces haines rendent leur vie malheureufe, cri-
minelle envers Dieu, & caufent un autre mal, c'eft
qu'ils en ont entre eux beaucoup moins de comerce,
on évite tout comerce avec les perfones, que l'on
haït, au lieu que dans le fyftême de la proportion ils
auront beaucoup moins de fujets de fe haïr ; ainfi ils
s'aideront bien plus fouvent les uns les autres dans

leurs befoins, ils feront plus de petites focietez pour faire des profits communs, & l'Etat profitera confiderablement de cette augmentation de comerce.

X. AVANTAGE.

L'argent produiroit un plus grand profit dans le comerce.

Si la Taille étoit impofée avec beaucoup de proportion, les riches protegez payant la Taille felon leur revenu, auroient à la verité moins à mettre dans le comerce, mais ce qu'ils auroient de moins, les pauvres non protegez l'auroient de plus ; or cent piftoles répanduës dans les petits comerces de cent pauvres Taillables, leur feront dix fois, vingt fois plus de profit, que fi elles étoient dans les mains d'un riche Taillable, c'eft que ces cent pauvres perfonnes mettent à faire valoir leur argent vingt fois plus de travail & d'induftrie, que n'en peut jamais mettre ce riche Taillable : & ce peu de travail & d'induftrie eft perdu pour l'Etat.

Les gros Marchands négligent les très-petits profits pour mettre tous leurs foins aux profits plus confidérables, tandis que les petits Marchands ramaffent foigneufement les petits profits ; or cette grande multitude de petits profits journaliers ainfi ramaffez feroient par an un total confidérable dans chaque Paroiffe, total vingt fois fuperieur au profit que feroit le riche : or ce plus de profit, que feroient ces cent perfones, demeurera dans le néant, tant que faute de proportion les pauvres non protegez n'auront point à mettre eux-mêmes en comerce, ce qui demeure entre les mains des riches protegez. Je ne fai fi je me trompe, mais il me femble que cet avantage bien pefé doit paroître prefqu'auffi important pour l'Etat qu'aucun autre.

J'ai même remarqué que les riches Taillables protegez, de peur d'exciter la jaloufie de leurs voifins, & de peur d'être augmentez à la Taille, n'oferoient mettre tout leur argent en marchandifes ; or dès qu'ils fauront que d'un côté ils n'ont plus de protection partiale & injufte à efperer, & que de l'autre ils n'ont point d'injuftice à craindre de la part de leurs voifins, ils mettront dans le Comerce encore plus d'argent, qu'ils n'y en mettent préfentement.

XI. AVANTAGE.

Il y auroit beaucoup plus de manufactures dans les lieux Taillables.

Si l'impofition de la Taille étoit proportionelle, on verroit dans beaucoup de lieux taillables s'établir des manufactures à caufe de la comodité ou du bois, ou de l'eau, ou de la bonté des laines, ou du bon marché des vivres, mais ni un Marchand ni une focieté de Marchands n'oferoient fe réfoudre à de pareilles entreprifes, parce qu'il eft prefque feur, que s'ils y faifoient quelque profit, ils feroient bientôt furchargez de Taille d'une maniere difproportionée, & perdroient ainfi leur peine & leur profit ; cependant ce profit, que ces manufactures de la campagne produiroient à l'Etat, monteroit encore à plus d'un quart du produit de la Taille, tant parce qu'il y auroit plus de ces manufactures dans le

Royaume, que parce qu'elles ocuperoient beaucoup de femmes & d'enfans, qui n'ont point de travail ou qui n'en ont pas affez, ou dont le travail n'eſt pas la moitié fi utile à l'Etat. J'ai eu ocafion de voir par moi-même que la Taille arbitraire & difpropor-tionée étoit un obftacle prefque infurmontable à l'établiffement & à la durée des manufactures dans les lieux taillables.

Cependant je croi que la multiplication des manu-factures eſt du moins auffi importante à l'Etat que la multiplication des productions de la terre. 1º. Par-ce que les ouvrages de lin, de chanvre, de laine, &c. font plus durables que le bled, le vin & les au-tres denrées qui fe corrompent. 2º. Parce que la mul-tiplication des manufactures eſt neceffaire pour con-fommer plus de lin, de chanvre, de laine, &c. 3º. Parce que nôtre Comerce étranger en ira beaucoup mieux, en ce que d'un côté nous aurons beaucoup moins befoin de toiles, de draps, de bas étrangers; quand ces fortes de marchandifes feront portées chez nous à une grande perfection, & que de l'au-tre nous pourons les doner aux Etrangers même à meilleur marché, qu'ils ne les ont chez eux, ce qui nous atirera leur argent; or il n'eſt pas douteux que plus il y aura de manufactures, plus elles fe perfec-tioneront les unes à l'envi des autres. J'ajoûte-rai ici une chofe, qui m'a été affurée par un home habile dans le comerce pour prouver l'importance de la multiplication des manufactures par raport au Comerce étranger, c'eſt que par les Extraits des for-ties il fort pour un tiers plus d'argent de manufactu-res du Royaume, que de bled, de vin, & autres denrées ; d'ailleurs les habitans d'un Etat ne peuvent pas être tous ocupez à la culture de la terre, le grand nombre doit être employé aux arts & métiers.

Enfin c'eſt une maxime certaine, que les Etats ſont riches à proportion du travail & de l'utilité du travail des Sujets. Il y a moins de travail en Eſpagne qu'en France, auſſi y a-t-il moins d'argent en Eſpagne à proportion qu'ici ; il y a plus de travail en Holande qu'en France, & une ſorte de travail beaucoup plus utile, qui eſt la navigation, c'eſt donc une neceſſité, que les Holandois tirent l'argent des autres Nations, auſſi y a-t'il beaucoup plus d'argent en Holande qu'en France à proportion du nombre des Habitans.

XII. AVANTAGE.

Les Taillables n'ayant plus beſoin de ſe réfugier dans les Villes exemtes, les terres en ſeroient beaucoup mieux cultivées.

Si les Taillables un peu riches pouvoient s'aſſurer que par l'établiſſement de l'impoſition proportionelle, ils ne pouroient jamais être acablez, ils ne ſongeroient plus à ſortir de leurs demeures, pour aller ſe réfugier dans les Villes exemtes, pluſieurs mêmes de ceux, qui s'y ſont réfugiez, reviendroient faire valoir leurs terres ; la plûpart ne font rien d'utile ni pour eux-mêmes, ni pour l'Etat en demeurant à la Ville ; au lieu qu'ils remetroient tout leur argent, leur travail & leur induſtrie dans le Comerce de la campagne, cet article eſt très-important.

Il y a même une confidération, qui porte fur le bien général du Royaume; il eft certain, que c'eft la terre cultivée, qui produit le premier fond de tout le bien de l'Etat, car les fruits ou les productions de la terre font la bafe du revenu de l'induftrie & du comerce; or plus il y aura de lin, de laine, de chanvre, de bled, de moutons, de bœufs, de vin, de cidre, &c. plus toutes ces chofes feront à bon marché, plus il s'en fera de confommation, plus les manufactures pouront doner leurs ouvrages aux Etrangers à bon marché, plus il y aura de fourages, plus il y aura de chevaux & plus les voitures feront à bon marché; en un mot le grand tréfor de la France, c'eft fon terroir & le travail de fes habitans; or plus ce terroir fera cultivé, plus il produira; d'un autre côté, plus il y aura d'habitans riches à la campagne, plus ce terroir fera bien cultivé & plus nôtre comerce avec l'Etranger fleurira.

Au lieu qu'en chaffant par la difproportion de la Taille les habitans les plus riches de leurs campagnes, on diminuë la culture de la terre, & par conféquent on diminuë très-confidérablement le principal tréfor & la premiere fource des autres tréfors de l'Etat, qui font les manufactures & les differens comerces avec l'Etranger.

On dira peut-être, à quoi fervira l'abondance des fruits & des manufactures; s'ils ne font pas confomez par les François & débitez aux Etrangers, je répons qu'en diminuant de beaucoup les grands droits, qui s'opofent à la confomation, ils feront confomez par les François & débitez à bon marché & en grande quantité aux Etrangers, plus ils en de-
manderont,

manderont, & plus ils aporteront d'argent ou d'autres marchandifes en échange.

De-là il arrivera que la grande augmentation de
confomation & de vente à l'Etranger augmentant le
revenu des Taillables, augmentera le produit de la
Taille même, & qu'elle enrichira le Roi en enrichiffant fes Sujets ; car enfin en laiffant le cinquiéme du
revenu, par exemple, pour point fixe des taillables, fi
leur revenu augmente de la moitié par la multiplication des fruits du terroir, & par l'augmentation
de la confomation & du débit Etranger, le produit
de la Taille augmentera de la moitié & de 32. millions où elle eft prefentement au cinquiéme, elle
montera à 64. millions, fans cependant être portée
au-delà de ce même cinquiéme, ainfi cette augmentation montera beaucoup plus haut, que ce que
le Roi perdroit fur la diminution de ces droits, qui
s'opofent à la grande confomation & au grand débit étranger.

XIII. AVANTAGE.

Augmentation du comerce maritime.

Tandis que la Taille étoit très-petite, il impor-
toit peu que l'impofition en fût fi proportionée,
mais à mefure qu'elle a augmenté la proportion eft
devenuë abfolument neceffaire, & c'eft l'impofition
grande arbitraire & difproportionée, qui a rendu
peu à peu prefque deferts depuis 80. ans nos petits
ports taillables, fans que les grans ports exemts en
ayent profité, au contraire le comerce des grans eft

diminué à proportion de la diminution des petits.

Je fai, par exemple, que deux petits ports taillables, qui font à trois lieuës de S. Pierre Eglife, & en
moins de trois lieuës d'efpace, Barfleur & la Hougue,
avoient il y a 80. ans chacun jufqu'à 30. vaiffaux
de 40. de 60. de 100. toneaux ocupez à porter du
poiffon falé, des huitres, du bled, du cidre, du beu-
re, des toiles, du charbon, du bois, du fer, du lin,
des laines, &c. à peine y en a-t'il quatre prefentement, le Marchand riche, qui n'a point de fureté
contre l'impofition arbitraire & difproportionée va
s'établir dans une Ville exemte où il ne fait rien de
fon talent pour le comerce de mer, le Matelot vexé
quite le peïs & s'engage à l'étranger.

Cependant ces petits ports taillables contri-
buoient beaucoup à la confomation, ils portoient
beaucoup de marchandifes pefantes, ils aportoient
beaucoup d'argent dans le peïs, ils élevoient beaucoup de Matelots; il y en a plus de 150. femblables
en France en 450. lieuës de côtes, or que l'on remete
une proportion fixe & permanente dans la Taille,
& qu'on ne la porte point à un denier exceffif, on
véra ces petits ports taillables fe repeupler, aucun
habitant, aucun Marchand n'en fortira, & peyera
fans peine par an le centiéme de fon bien ou la cinquiéme partie de fon revenu, c'eft-à-dire cent francs
de Taille pour dix mille francs de bien, parce que
ces dix mille francs en comerce de mer lui raporteront plus de mille, plus de deux mille francs année
comune; le Matelot feur de ne peyer que vingt fous
de cent francs hazardera fa vie pour fa famille &

pour devenir à fon tour Marchand, & n'ira point
s'établir chez les Etrangers ; or le rétabliffement de
150. ports taillables raporteroient à l'Etat un profit
immenfe, fur tout pour faire valoir les marchandifes péfantes : le Chevalier Petty Anglois, Grand Su-
putateur politique, a démontré qu'un Matelot fait
plus de profit.à l'Etat que quatre Charetiers ou quatre Laboureurs, quoiqu'il en foit les Matelots font
infiniment utiles à un péïs pour en faire valoir les
denrées.

S'il y avoit quelque diftinction à faire entre les
taillables ce feroit plûtôt en faveur des Marchands
maritimes qu'en faveur des Laboureurs, puifque
l'argent mis en comerce de mer raporte quatre ou
cinq fois davantage & aux particuliers & à l'Etat,
que l'argent-employé en terres ; mais il n'y a qu'à
maintenir de l'égalité dans le traitement entre les
Citoyens & de la proportion dans les Subfides, &
chacun d'eux choifira facilement la profeffion, où
il y aura plus à gagner pour lui. & où fon travail,
fon argent & fon induftrie lui produiront davantage, & alors il fe fera naturellement une balance, une
eftimation jufte entre l'utilité des profeffions, & ce
qui eft de confidérable, c'eft que chacun de ceux,
qui choifiront entre ces diferentes profeffions, ne
fauroient choifir la plus utile pour eux, qu'ils ne
choififfent en même tems la plus utile par raport à
l'Etat, puifque c'eft l'utilité de tous les particuliers,
qui forme l'utilité de l'Etat.

IV. AVANTAGE.

Le revenu de la Noblesse augmenteroit de plus d'un quart.

Ce qui diminuë extrêmement le revenu des Gentilshomes qui demeurent à la campagne, & particulierement de ceux qui font employez au fervice, ce font les banqueroutes des Fermiers infolvables ; le défaut de toutes fortes de Fermiers & la grande rareté des Fermiers folvables , car les Fermiers folvables ne prennent alors les terres qu'à un très-bas prix.

Or cette rareté vient de ce que les taillables riches ou achetent des Charges d'exemtion, ou fe refugient dans les Villes exemtes, ou enfin de ce que ceux, qui reftent dans les lieux taillables, font tous les jours ruinez par des impofitions exceffives, par la colecte, par les frais des Huiffiers & par les procès qu'ils ont entre eüx ; or par l'établiffement propofé, nul ne fera plus tenté d'acheter des Charges d'exemtion, qui coûtent, qui demandent de la réfidence & des voyages, qui caufent fouvent des procès, qui empêchent les exemts de faire plufieurs fortes de marchez & de comerces lucratifs dans la paroiffe, nul ne fera plus tenté de fe refugier dans les Villes exemtes, où les vivres font plus chers, où ils n'auroient nulle ocupation utile, & où les Bourgeois par les entrées & par leur capitation ne font gueres mieux traitez à la ville qu'eux à la campagne ; nul ne fera plus ruiné par la Taille, par la colecte, par les frais, ni parles procès, il y aura donc

trois fois plus de taillables affez riches pour prendre
les biens des Gentilshomes à ferme fans leur demander aucunes avances, & qui auront affez de biens en
fonds pour répondre du prix de la ferme.

Les banqueroutes ou mauvais deniers ou non valeurs de terres non affermées, vont année commune
à un dixiéme du revenu de la Nobleffe , & l'augmentation qui fe fera à ce revenu par l'enchere que
metront les uns fur les autres des Fermiers folvables
montera à plus d'un autre dixiéme.

2º. Je fai que le Confeil, en confideration des
grans avantages, que l'Etat tirera de la proportion,
fe propofe de ne plus impofer les Fermiers des Gentilshomes en leur qualité de Fermiers à deux fous
pour livre du prix de la ferme.

La Nobleffe augmentera donc fon revenu de plus
de trois dixiémes, c'eft-à-dire, de plus d'un quart
par l'établiffement de la Taille proportionelle.

XV. AVANTAGE.

*Il n'y aura plus de mandians, & les Hôpitaux feront fort
foulagez.*

1º. La plûpart des mandians commencent à mandier faute d'ouvrage, & continuent par goût pour
la faineantife ; quelques vieilles perfones mandient
auffi plûtôt par pareffe que par défaut de fecours
de la part de leurs parens, il y en a peu qui mandient
par neceffité ; or fi dans les paroiffes de la campagne
il y a plus de culture, il faudra plus d'ouvriers ; s'il
y a plus de troupeaux, il faudra plus de Bergers ;
s'il y a plus de laine, plus de lin ; il faudra plus de

fileufes, s'il s'y établit de nouvelles manufactures beaucoup plus de femmes & d'enfans pouront y être employez, s'il y a plus de vaiffeaux dans les lieux taillables, il faudra plus de Matelots, ainfi il faudra plus de perfonnes, qui remplacent fur la terre, ceux qui feront employez fur mer.

20. La feconde caufe, qui produit les mandians, c'eft que les peres & les meres fimples ouvriers chargez d'enfans font furchargez de Taille ; or fi on les décharge de la Taille à proportion qu'ils ont d'enfans au-deffous de dix ans, leur travail poura fufire à élever leur famille, & ils ne feront plus forcez d'envoyer mandier leurs enfans.

J'ai vû un mari & une femme à Saint Pierre Eglife, qui avoient neuf enfans au-deffous de dix ans, le mari gagnoit dix fous par jour comme Maffon, la femme filoit, mais à caufe du foin du ménage & des enfans elle ne gagnoit pas deux fous ; le mari avoit un arpent de terre, où étoit fa maifon, le tout valoit treize livres de rente, & la femme avoit cent fous de rente, ils payoient 12. livres au Roi, refte pour fix francs, leur arpent fufifoit pour nourir leur vache, leur travail à caufe des quatre-vingt fêtes ne pouvoit monter à plus de 180. livres par an ou environ, c'étoit donc 186. livres qui leur reftoient pour leur nouriture & entretien, & pour la nouriture & entretien de neuf enfans ; or fupofé que la femme pour fa nouriture & entretien dépenfe deux fous par jour, c'eft 36. l. 10. f. par an, le mari mange plus, il ufe plus, fes outils s'ufent, les uftanciles du ménage s'ufent, la couverture de paille de la maifon s'ufe, il faut la reparer, metons pour ces articles

73. livres, c'eſt-à-dire le double de ce que dépenſe la femme, cela fera 109. livres 10. ſols, il reſtera donc 76. livres 10. ſols pour les neuf enfans, c'eſt environ 8. livres 10. ſols pour chacun, c'eſt-à-dire que ce n'eſt pas ſix deniers par jour pour la nouriture & entretien de chacun d'eux, cela eſt preſque incroyable, mais cela eſt pourtant réel ; il faut tout dire, il étoit ſouvent ſur le point d'envoyer mandier trois de ſes enfans, & il l'eût fait s'il eût perdu ſa vache, s'il fût tombé malade lui ou ſa femme, s'il eût manqué d'ouvrage, ou ſi une longue ou forte gelée l'eût empêché de travailler, telle étoit l'extrémité où il étoit réduit.

Or je demande s'il y a aucun Hôpital même de Province éloignée de Paris, où l'on puiſſe nourir & entretenir un enfant pour ſix deniers par jour, preuve qu'il eſt de la derniere importance tant pour les Hôpitaux que pour l'Etat de ſoulager les pauvres taillables de la campagne, & à dire la verité un pareil taillable ne devoit être qu'à cinq ſous de Taille ; cependant de 240. maiſons taillables, qui ſont dans Saint Pierre Egliſe, il y en au moins 60. c'eſt-à-dire le quart, qui ſont à peu près dans le même cas, que mon Maſſon par le grand nombre d'enfans, qu'ils ont à nourir ſur leur travail, je regarde ces 60. maiſons comme 60. petits Hôpitaux de vilage, & efectivement qu'y a-t'il autre choſe dans ces cabanes que des pauvres, qui vivent très-pauvrement & à quatre fois meilleur marché, & avec la moitié plus de peine & de travail, que les pauvres des Hôpitaux des villes.

Pourquoi charger ces Hôpitaux des vilages de

subſides, tandis que vous en exemtez avec tant de raiſon les Hôpitaux des villes, & que faites-vous autre choſe par l'excès de vos ſubſides, ou plûtôt par la diſproportion de leur impoſition, que de forcer les pauvres des vilages à venir mandier dans les villes, & à ſurcharger les Hôpitaux de ces villes.

Quand je ſonge que les autres paroiſſes ſont dans le même cas que Saint Pierre, que ce malheureux quart des pauvres taillables porte neanmoins preſque le quart de la Taille, c'eſt-à-dire huit millions, quand on ſonge que lorſque le feu Roi donoit mille piſtoles de penſion à une Ducheſſe, il falloit qu'il les fit aracher par les Receveurs des Tailles de mille familles, qui étoient dans l'extrême pauvreté, on ne ſait que penſer d'une pareille liberalité, ou plûtôt d'une pareille facilité, & je mets en fait que la Ducheſſe elle-même n'auroit pas voulu recevoir une piſtole d'aucune de ces mille malheureuſes familles : or qui eſt-ce qui pouroit aprouver pour ſept ou huit millions de penſions, de gratifications, de preſens à peu prés ſemblables quand il faut aracher ſols à ſols ces huit cent mille piſtoles de huit cent mille petits hôpitaux ſemblables à l'hôpital de mon malheureux Maſſon.

Quelle comparaiſon entre les beſoins de vanité d'une ſeule perſone quoique Ducheſſe, & les beſoins preſſans de la faim de mille familles, ou de cinq ou ſix mille perſones, qui n'ont à manger, que du pain d'orge, c'eſt-à-dire, du pain des chiens, & qui tremblent encore tous les jours que ce pain ne vienne à leur manquer le lendemain.

Si le Roi avoit eu à déliberer entre doner à cha-

cune

cune de ces mille familles miserables une piftole de penfion pour les empêcher de mourir de froid ou de faim, ou doner mille piftoles de penfion à une Ducheffe afin qu'elle eût des habits & des meubles plus beaux, une meilleure table, une plus belle maifon à la Ville, une maifon à la Campagne, & qu'elle pût joüer plus gros jeu, en verité y auroit-il lontems à déliberer? Mais la chofe n'eft pas même dans ces termes, il s'agit d'ôter de force à ces mille familles le pain qu'elles viennent de gagner par leurs peines, par leurs travaux, par leurs veilles, pour le doner à la Ducheffe, en bonne foi pareille liberalité, pareille facilité, je ne dis pas dans un Roi Chrétien; mais dans un Empereur Chinois, étant bien pefée, bien examinée, eft-ce autre chofe qu'une injuftice criante?

Mais, me dira-t-on, les penfions ne font pas affignées fur les Tailles, ce que l'on tire des Tailles va pour péyer les Troupes, belle fubtilité pour autorifer une pareille injuftice! Eft-ce donc que fi les huit millions que le Roi tiroit d'autres fubfides pour péyer ces penfions avoient été employés pour la folde des Troupes, il eût été dans la néceffité de tirer l'extrême néceffaire d'entre les mains de ces huit cent mille miferables hôpitaux.

Il eft vrai que le feu Roi ne favoit pas jufqu'où aloit la mifere du bas peuple, mais n'eft-ce pas le devoir effentiel d'un Roi jufte, d'un grand Roi, de fçavoir, fur qui il affignera la penfion qu'il veut doner, avant que de la doner, qui eût réfufé au feu Roi de lui faire conoître la verité, fi l'on eût été feur d'être bien venu en la luy découvrant.

D

Un Roi qui veut être plus grand que ſes pareils, & que ſes prédéceſſeurs, ne doit-il pas être plus juſte, plus éclairé, plus ami de la verité, plus en garde contre les flateurs, que les autres Rois, que ces flateurs me trouvent du grand s'ils peuvent dans l'employ des ſubſides exceſſifs tirés avec tant de dureté de ces pauvres hôpitaux de la campagne ; qui oſeroit loüer les magnificences de Verſailles & de Marli, en ſongeant à ce qu'il en a coûté pendant trente années à tant de malheureux Citoyens !

Il y a une régle ſeure, une régle d'équité, pour juger de la néceſſité de lever un ſubſide : car enfin lever un ſubſide c'eſt cauſer un mal certain à une infinité de perſones : or pour être en droit de leur cauſer ce mal, il faut que ce ſoit ou pour leur en faire éviter un plus grand, tel qu'eſt la guerre, & les ſuites de la guerre, ou pour leur procurer un bien plus grand que n'eſt ce mal, comme la réparation des Chemins, la navigation des rivieres, &c. ou pour doner le néceſſaire à gens qui ont été eſtropiez au ſervice du Roi, ou pour doner des prix à ceux, qui ſe diſtinguent à rendre par leurs bons memoires politiques des ſervices à l'Etat vingt fois plus conſidérables, que la valeur de ces prix.

Je dis que c'eſt une regle d'équité : car enfin voici la premiere regle, & le premier fondement de toute ſocieté, & par conſequent de la ſocieté entre les Rois & leurs Sujets, *ne faites point contre un autre, ce que vous ne voudriez pas qu'il fît contre vous, ſupoſé que vous fuſſiez à ſa place, & qu'il fût à la vôtre :* or en ſuivant cette regle ne trouvera-t-on pas qu'il y a les trois quarts des penſions qu'il ſeroit injuſte

d'éxiger des Taillables riches, & à plus forte raifon
des Taillables, qui font dans la pauvreté.

Si quelqu'un trouve que je m'arête un peu trop
à parler de la mifere du peuple de la Campagne, il
n'en jugeroit pas ainfi s'il avoit vû la moindre partie de ce que j'ai vû de mes yeux, il trouveroit au
contraire, que je n'apuye pas encore affez fur cet article, & c'eft pour cela que je vais luï en doner un
échantillon par le fimple récit de deux avantures,
qui me font arivées:

J'achevois dans mon cabinet à Saint Pierre, le
Memoire fur la réparation des Chémins, lorfque
j'entendis dans ma Cour une femme en pleurs, qui
crioit, & fe defefperoit, c'étoit une pauvre veuve
chargée de quatre petits enfans, qui devoit 40. fols
pour la Taille, & à qui les Colecteurs venoient d'enlever les deux feuls Boiffeaux d'orge, & une tourte d'orge qui luï reftoient pour faire fubfifter fes
enfans jufqu'à la moiffon, je luï fis doner promtement les 40. fols pour retirer fon orge & fa tourte,
je fis ainfi ceffer fes lârmes, & la peine qu'elle me
caufoit.

Quatre jours après me promenant dans mon jar-
din, je vis ariver de loin une femme toute éplorée
avec trois ou quatre petits enfans, c'étoit la femme
du maffon, dont j'ai parlé, les Colecteurs, à qui
fon mari devoit un Ecu, venoient de luï enlever fa
poële, dans laquelle elle aloit faire de la boüillie
de Sarazin, pour le dîner de fon mari, qui étoit à
fon travail, & de fes enfans, qui étoient nuds pieds,
& dont les habits de mauvaife toile, étoient tous
en lambeaux, il n'y avoit chez elle que fix fols, je

lui donai un Ecu pour retirer fa poële, & je l'a ren-
voyai auffi-tôt : car je ne voulus pas lui laiffer voir
mes larmes.

On ne fauroit dire combien ces fortes de malheurs caufent de peine à ceux, qui en font témoins;
mais mon affliction redoubla quand après avoir en-
voyé chercher les Colecteurs, pour leur réprocher
leur dureté, le principal d'entre eux me dit qu'ils
n'en étoient venus à cette extrêmité, que pour délivrer leurs vaches & leurs brebis, que l'Huiffier
des Tailles avoit emmenées le jour précedent, &
pour délivrer deux de leurs camarades de prifon,
& nous alons de ce pas, ajoûta-t-il, faire malgré
nous de pareilles executions dans dix ou douze maifons, nous ne faifons point d'autre mêtier deux
jours de la femaine, & les Colecteurs des Paroiffes
voifines font encore pis que nous à caufe de l'exceffive augmentation de la Taille, *je n'en favois pas tant,*
leur dis-je, en les renvoyant, *& je ne voi que trop que*
ce n'eft pas vous autres qui avez tort.

J'avoüe que ces malheurs, & que la réponfe des
Colecteurs me jetterent pendant plufieurs jours
dans une grande afliction, & dans une profonde ré-
verie; & je puis dire, que régardant alors toutes les
Campagnes, les unes défolées par des Soldats, les
autres défolées par des Citoyens forcez à fe ruïner
les uns les autres, je me déterminai à méditer fur les
moyens de rendre les paix plus durables qu'elles ne
font; & c'eft l'origine du *projet de paix perpetuelle.*

Cette avanture m'ariva juftement dans le tems
qu'on m'écrivoit de Paris, que le Roi bâtiffoit à
Verfailles une Chapelle magnifique, qui luy de-

voit coûter plus de deux millions : je loüerai volontiers la bonne intention que le Roi avoit d'honorer Dieu , mais j'avoüe que je ne saurois loüer une entreprise, qu'il ne pouvoit executer en ce tems-là, sans causer une infinité de larmes à deux cens mille pauvres familles , & à un milion de malheureux ; & rien ne montre mieux que cet exemple qu'un Prince peut faire de grandes injustices avec les meilleures intentions du monde.

A cette ocasion je raporterai un fait , qui est infiniment à la loüange de feu Monseigneur le Dauphin Bourgogne : après la mort du Dauphin son pere , le Roi lui fit dire qu'il vouloit lui augmenter de cent mille francs par an ses menus plaisirs ; il les refusa, & dit cette belle parole , *quand je saurai qu'il n'y a plus de miserables parmi ceux qui peyent la Taille, je recevrai volontiers cette augmentation, & d'ailleurs je sai que le Roi a des besoins trop pressans, pour que je songe presentement à me doner du superflu:* Ce Prince conoissoit le degré de la misere du peuple , & il la conoissoit, parce qu'il cherchoit sincerement à la conoître, il craignoit de faire des injustices par ignorance de la verité , & c'étoit le chemin à la veritable grandeur.

Il faut remarquer que l'augmentation que l'on avoit fait à la Taille pendant la Guerre, sous le nom d'Ustancile, de Fourages , & qui montoit aux trois quarts de la Taille, ne se peyoit plus, & cela à cause de la ruine totale des pauvres Taillables ; ils n'avoient plus chez eux aucun meuble, que les Colecteurs pussent enlever, aucuns bestiaux qu'ils pussent saisir ; ainsi quand le Roi à la Paix, a remis l'Ustancile, les Fourages &c. aux pauvres Taillables , ils ne leur a rien

remis, dont ils ayent pû fe reffentir, puifqu’il y avôit
long-temps qu’ils ne les péyoient plus, & encore même à l’heure qu’il eft, il y a fur la Taille au moins
un huitiéme; c’eft-à-dire, plus de quatre millions de
non-valeurs, à caufe de l’entiere infolvabilité, & de
la derniere mifere du bas peuple, dont une grande
partie eft réduite éfectivement à faire mandier leurs
enfans, à caufe de la difproportion de la Taille.

Je fuis d’autant plus éloigné de me répentir d’en
avoir trop dit fur cet article, que les malheurs des
pauvres Taillables n’ont pas encore ceffé, ils n’ont
pas même diminué, puifque ces pauvres gens font
encore exceffivement furchargés; les Penfions qui
en font la caufe, fubfiftent; & malgré la derniere diminution, elles montent, dit-on, encore à plus de
fix millions; cependant il n’y a que trois partis à
prendre. Le premier, c’eft de laiffer toûjours le bas
peuple dans la derniere mifere, & à la mendicité. Le
fecond, c’eft de diminüer encore les Penfions de
trois ou quatre millions, afin de fupléer aux quatre
millions de non-valeurs de la Taille. Le troifiéme,
c’eft de diminuer le poids du fubfide, en rendant
la Taille proportionelle, & c’eft le but de cet Ouvrage: mais je reviens à la confideration particuliere
de l’avantage que les Hôpitaux des Villes tireroient
de cette proportion.

3°. Quand un pauvre Taillable ne péyera au Roi
que le centiéme denier de fon travail, fupofé qu’il
n’ait que deux enfans à élever, il peut fe foûtenir
avec fa famille, & n’envoyera point fes enfans mandier leur pain. Si mon Maffon, par exemple,
n’avoit eû que deux enfans, il auroit pû payer au

Roi cent huit fols par an , qui eft le centiéme denier de 540. liv. qui fait tout fon bien en fond , & fon
bien d'induftrie ; car fon bien en fonds ne vaut au
denier vingt que 360 livres , fon bien d'induftrie 180
livres ; mais dès que vous quittez cette proportion ,
& que vous n'avez nul égard au nombre d'enfans ,
vous le traitez injuftement , vous l'accablez , & vous
le forcez à faire des mandians , des faineans , des
vauxriens qui perdent leur tems fans faire aucun travail dont l'Etat puiffe profiter.

Une confidération qui empêchoit les Hôpitaux
d'enfermer & de punir les mandians comme faineans ; c'eft qu'il y en avoit trop , & ce trop venoit
du grand nombre des mandians de la Campagne ,
qui fe multiplioient par la grande mifere des Taillables : or faifant ceffer cette grande mifere par la
diminution que caufera la proportion dans leur
Taille , il ne fortira plus de mandians des Campagnes , fi ce n'eft quelques faineans en petit nombre,
que la punition corigera bien-tôt ; donc les Hôpitaux des Villes ne feront plus chargés des pauvres
de la Campagne , donc ils pouront facilement enfermer & punir tous les mandians faineans que l'on
trouvera dans les ruës , & fubvenir à tous les mandians caduques & abandonés ; donc on ne verra plus
de mandians , tous fubfifteront de leur travail , & les
Hôpitaux feront extrememement foulagés : *ce qu'il
faloit démontrer.*

4°. Comme il y aura dans les Campagnes les
trois quarts moins de pauvres ; le quart qui y reftera
comme enfans orphelins & invalides en feront
beaucoùp mieux fecourus , tant par les Gentilshom-

mes que par les Curez, & les Curez en auront d'autant plus de pouvoir, que leurs Dixmes augmenteront à mesure qu'il y aura plus de Terres cultivées, & à mesure qu'elles seront mieux cultivées.

XV. AVANTAGE.

Toutes les Paroisses d'une Election étant également chargées, aucune ne succomberoit sous le faix.

Quand l'imposition aura été répartie proportionellement entre tous les Taillables d'une Election, on verra si une Paroisse péye plus qu'une autre à proportion de leur revenu, alors on établira la proportion entre toutes les Paroisses de l'Election, & cela sera facile en assemblant toutes les estimations des biens Taillables de toutes les Paroisses, & leur imposans le subside total de l'Election au marc la livre. Or comme nous avons montré que l'établissement de la proportion seroit avantageux à tous les Taillables d'une même Paroisse en général, & à chacun d'eux en particulier, & par consequent à l'Etat ; il est visible qu'il sera de même avantageux à l'Election en général, & à chaque Paroisse de cette Election en particulier ; & les Paroisses qui se soûtienent, ne seront plus acablées par la ruine de celles qui ne peuvent pas se soûtenir, puisque toutes se soûtiendront alors également.

XVI.

XVI. AVANTAGE.

*Toutes les Elections d'une Généralité seroient propor-
tionnellement chargées.*

Comme une Election peut être beaucoup trop
chargée en comparaison d'une autre, il sera facile à
l'Intendant, qui aura les totaux des biens de chaque
Election, de répartir le total de l'imposition de sa
Généralité au marc la livre de ces totaux des biens
de chaque Election ; or n'est-il pas visible que l'établissement de cette proportion sera fort avantageux & à la Généralité & à chaque Election de
cette Généralité, puisque cette répartition proportionelle rendra le fardeau encore plus facile à porter aux Elections surchargées.

XVII. AVANTAGE.

Aucune Généralité ne sera surchargée.

Comme une Généralité peut être trop chargée
en comparaison d'une autre, il sera facile au Conseil,
qui aura les totaux des biens de chaque Généralité,
de répartir le total de l'imposition de la Taille du
Royaume au marc la livre de ces totaux des biens
taillables de chaque Généralité ; or cette balance,
cette proportion ainsi observée dans le Royaume,
ne sera-t-elle pas fort avantageuse à l'Etat?

XVIII. AVANTAGE.

Il y auroit moins de Subsides extraordinaires qui sont fort onereux au Peuple.

Quand les revenus du Roi seront une fois bien reglez, & faciles à augmenter proportionellement dans le temps de guerre, quand par le moyen de la proportion il n'y aura plus de non-valeurs, il se trouvera assez de traitans & de particuliers, qui feront des prêts à un denier modique pour les afaires pressantes ; parce qu'ils verront clairement, que par l'augmentation modique & proportionelle de ces subsides, ils pourront être sûrement rembourfez en tant d'années de l'interêt & du principal de leurs créances ; or le Conseil ne pouroit jamais esperer de ces traitans de pareilles avances, que sur des taxes extraordinaires, arbitraires & disproportionées, qui font toûjours beaucoup crier les sujets, & qui font toûjours réellement la moitié plus à charge à l'Etat, que les subsides proportionels.

Il y a une remarque à faire, c'est qu'il y a beaucoup d'argent employé en tems de paix au comerce étranger ; or par la guerre, les possesseurs de cet argent ne demandent pas mieux, que d'en tirer un interêt plus haut que les rentes, pourvû qu'ils soient sûrs de pouvoir retirer le capital après la guerre ; & c'est un motif pour mettre les rentes hypoteques fûtures de Paris au denier vingt-cinq : car, tandis que le Bourgeois poura par une rente tirer l'interêt de son argent au denier vingt, il ne voudra pas le confier au traitant qu'au denier douze, il y auroit

encore d'autres motifs pour changer le denier de
ces rentes. 1°. Cela feroit valoir davantage les rentes fur la Ville, & les billets d'Etat. 2 Les Marchands donant facilement un plus gros interêt aux
poffeffeurs de l'argent, en trouveroient plus à mettre dans leur comerce, ainfi cela augmenteroit con-
fidérablement le comerce, il y auroit dans l'Etat
plus de travail & plus d'induftrie mis à profit, ce
qui feroit un grand avantage pour le Royaume : Et
à dire la vérité, quand un faineant tirera peu d'interêt de fon argent en le mettant en conftitution,
il aimera mieux le mettre dans les focietez des
Marchands, & s'affocier aux Entrepreneurs des manufactures; que d'avoir une rente à un interêt bas,
dont il peut être mal payé, qui peut lui caufer des
procès, & qui peut même un jour fe trouver mal
aflûrée ; car enfin il y a un quart des rentes qui pé-
riffent, après avoir paru très-folidement établies.

XIX. AVANTAGE.

*On poura plus facilement rendre la Capitation
proportionelle.*

On peut facilement comprendre par ce que j'ai
dit fur les avantages de la proportion dans la Taille,
combien il feroit avantageux, que cette impofition
ne fût plus arbitraire, & qu'il y eût quelque point
fixe & des regles certaines, qui puffent mettre les
capitables à couvert des injuftices volontaires & in-
volontaires des Intendans; or, quand la proportion
aura été établie dans la Taille, il fera befoin d'établir cette même proportion dans la Capitation; par-

ce que pour lever des obſtacles à peu près ſemblables, on poura ſe ſervir de moyens à peu près ſemblables, & déja éprouvez.

Je dirai ici en paſſant, qu'il me paroîtroit juſte
de diſtinguer la Capitation de la Nobleſſe d'avec la
Capitation des Bourgeois des Villes exemtes, & de
ceux qui ſont exemts de la Taille par Charges, que
l'on doit mettre ces deux ſubſides ſur un pied difé-
rent, & qu'ils devroient même avoir deux noms diférens : j'en pourai dire ailleurs les raiſons.

Si je ſonge à perfectioner la maniere de lever ce
ſubſide, c'eſt qu'en l'état, où le feu Roi a laiſſé les
afaires publiques, il n'eſt plus poſſible de s'en paſſer
pour ſubvenir aux plus preſſantes néceſſitez du
Royaume : mais quand on pouroit un jour en diminuer une partie, on ne peut plus jamais l'ôter tout
à fait, & il eſt de la derniere importance de le rendre
tel, que dans des tems de guerre on puiſſe, comme de la Taille, en tirer pour ſauver l'Etat des ſecours promts, ſûrs, abſolument néceſſaires & incomparablement moins onereux aux ſujets, que les taxes
extraordinaires, arbitraires & diſproportionées.

XX. AVANTAGE.

*On pouroit delivrer les Sujets du recouvrement de la
Gabelle, & des vexations des Comis.*

Tout le monde ſait que la Gabelle, à cauſe du
grand nombre des Gardes & d'autres dépenſes, coûte
à l'Etat preſqu'autant, qu'elle produit au Roi ; l'Impôt monte à plus de 32. millions, mais il n'en revient

pas au Roi 17. millions, il en reste 15. millions entre
les mains des Fermiers Généraux pour payer les Comis & les autres frais, il faut même que les Faux-fau-
niers ocupez au faux-faunage, vivent encore aux dépens de l'Etat ; le Roi gagneroit donc plus de 12.
millions, s'il continuoit à lever ces 32. millions fur
les mêmes perfones, non plus fous le nom de Gabelle, mais fous le nom de taille & de capitation, en
laiffant le fel en comerce libre & marchand.

XXI. AVANTAGE.

*Il y auroit beaucoup plus de comerce de chairs falées
& de poiffon falé.*

L'Etat gagneroit encore à changer l'Impôt de la
Gabelle en augmentation de taille & de capitation ,
en ce qu'il fe feroit beaucoup plus de falaifons en
France, tant pour la chair, que pour le poiffon ; les
Salines produiroient par conféquent beaucoup plus
de fel à l'Etat : c'eft un fruit, que les Peuples du
Nord n'ont ni fi bon ni fi abondant, & qu'ils pren-
droient plus volontiers chez nous, à caufe qu'il eft
plus proche & meilleur qu'en Portugal & ailleurs :
mais comment tirer ce fubfide fous le nom de Taille,
à moins que la maniere d'impofer la Taille, n'ait
ceffé d'être auffi ruineufe pour l'Etat, qu'elle l'eft
prefentement ; or pour répartir une partie de l'Impôt du Sel fur les Exemts de taille, il faut favoir au-
paravant ce qu'en peuvent porter les Taillables, il
faut avoir reglé tout ce qui regarde la Taille.

XXII. AVANTAGE.

On pourroit diminuer le Subside des boissons qui s'opose à la consomation.

Tout le monde sait que l'excès des droits d'Aydes s'opose fort à la consomation des boissons & des autres vivres; & que tout ce qui s'opose à la consomation des vivres, s'opose à la multiplication des fruits de la terre, & diminuë fort le comerce; on sait, que quand ces droits sont excessifs, il y a beaucoup plus de fraudes, & qu'il faut beaucoup plus de Comis occupez à diminuer le nombre de ces fraudes; or que l'on diminuë les droits des trois quarts, il ne faudra presque plus de Comis que pour la recette des abonemens des Cabaretiers; le peu de profit qu'il y auroit à frauder, les grandes punitions, qui seroient à craindre, feroient d'un côté qu'il y auroit très-peu de fraudes, & de l'autre qu'il y auroit le double de consomation; cependant cette multitude de Comis coûte sept ou huit millions à l'Etat: mais comme le revenu, que le Roi tire des Aydes, diminuëra d'environ huit millions, cette diminution sera remplacée par plus de 12. millions, qui reviendront au Roi tout frais faits; lorsque le Roi laissera le sel libre & marchand, en mettant l'impôt du sel sous le nom de Taille & de Capitation: mais l'on ne sauroit prendre sur cela aucunes mesures certaines, que l'afaire de la Taille proportionelle ne soit entierement reglée.

Après tout, si les François payent au Roi en Taille,

en Capitation, en Gabelle & en Aydes, cent dix
millions, que leur importe fous quel nom ils les
payent : mais il leur importe fort de ne pas payer
vingt millions de plus en Comis & en vexations, il
leur importe infiniment que la nature du fubfide ne
leur caufe pas une perte de plus de quatre-vingt millions, en diminuant de la moitié la multiplication ,
la confomation & la vente à l'Etranger, des fruits
& des manufactures du Royaume.

Tels font les principaux avantages, que nous pouvons atendre de l'Impofition proportionelle , avantages trois fois plus grans , que n'eft le produit entier de la Taille ; fi je me fuis un peu arêté à les ex-
pliquer, c'eft afin de doner plus de courage pour
furmonter les dificultez confidérables , qui fe ren-
contreront à cet établiffement : je vais préfentement
expofer les moyens , qui m'ont paru les plus propres
pour y réuffir.

Chapitre II.

Moyens de rendre l'Impofition proportionelle.

IL eft évident, que, qui auroit trouvé les moyens
d'eftimer jufte tous les ans la valeur des biens de
toute efpece, que poffede chaque Taillable dans chaque Paroiffe, auroit trouvé les moyens de rendre
tous les ans l'Impofition proportionelle, puifqu'alors
il n'y auroit qu'à répartir la Taille de la Paroiffe à
proportion, & au marc la livre de la valeur des
biens de chacun, ce ne feroit plus qu'une affaire de
calcul.

Toute la dificulté confiste donc à trouver des moyens propres pour faire tous les ans cette estimation le plus juste, & aux moindres frais qu'il est possible.

Celui de nos Rois, qui comit dans chaque canton un certain nombre d'homes de capacité, de probité & d'autorité pour prendre conoissance des biens des Taillables de chaque Paroisse, & pour répartir ensuite l'Imposition à proportion de leurs biens, *fit le premier pas* vers cette découverte importante, & c'est l'origine *des Elûs du Peuple*, ou simplement *des Elûs* & des Elections.

Mais comme cette découverte ne fût pas alors portée à un certain dégré de perfection, les Elûs ne furent bien-tôt plus élûs, que par cabale, que par présens; & ces sortes d'Elûs, enfans de la coruption, n'agirent bien-tôt plus ni selon l'équité, ni selon l'interêt public, ils n'écoutoient plus que leur interêt particulier; ainsi ils abandonoient souvent la regle de la proportion : mais les Païsans vexez ayant été écoutez dans leurs plaintes, on dona l'imposition & la répartition à faire aux Taillables même dans chaque Paroisse.

On supofoit, qu'ils conoissoient sufisament les biens de chaque habitant, & qu'ils étoient assez interessez à répartir le subside avec proportion; & effectivement si la répartition eût pû se faire dans l'assemblée entiere des habitans à la pluralité des voix, la lumiere pour la juste estimation ne leur auroit pas manqué : mais le défir que chacun avoit de diminuer son fardeau pour en faire porter une partie à son voisin, les rendant presque tous injustes, ces

assemblées

affemblées fi nombreufes ne pouvoient jamais être
que tumultueufes, pleines de mutineries & d'inju-
res reciproques, les plus foibles fortoient de l'affemblée; & faute d'ordre & de regle, la répartition ne
fe faifoit point, ou fe faifoit avec injuftice.

On prit donc enfin le parti d'obliger chaque Paroiffe à choifir un certain nombre d'habitans pour
répartir l'impofition proportionellement aux biens
de chacun ; & afin de les intereffer davantage à faire
cette répartition proportionelle, on ordona qu'ils fuffent chargez de faire eux-mêmes la colecte des di-
verfes côtes des taillables, & d'en faire les deniers
bons.

Mais l'expérience nous a fait connoître que cette
répartition étoit dans toutes les Paroiffes du Royaume très-difproportionelle, que la plûpart des Colecteurs n'étoient prefque jamais fufifamment inftruits
de tous les biens de tous les habitans, ni de leur veritable valeur, que quand ils en auroient été tous
fufifamment inftruits ; les ménaces & les promeffes
les détournoient prefque toûjours du but de la juftice & de la proportion, qu'ainfi il étoit comme natu-
rel, qu'ils fiffent beaucoup de mécontens ; & que
parmi ceux-ci, quelqu'un devenu Colecteur de l'année fuivante, ne fe vangeât fur les Colecteurs de
l'année precédente de l'injuftice qu'il avoit fouferte;
or on ne fait que trop que la vengeance ne garde
gueres de mefures, & qu'elle entretient dans les familles des haines perpetuelles.

La vûë de rendre la répartition proportionelle
aux biens de chaque taillable, n'eft donc pas une vûë
nouvelle : on peut même dire qu'elle eft auffi an-

cienne, que le premier établissement de la Taille : mais pour y parvenir, il faloit non seulement que chacun donât une déclaration exacte de ses biens, mais il faloit encore qu'il y eût un nombre sufisant de Juges estimateurs, qui eussent conoissance de la verité des faits de ces déclarations, & où trouver ces Estimateurs, que dans la Paroisse même ? Il faloit, pour faire observer l'ordre & la justice dans les assemblées de ces Estimateurs, un Président, qui d'un côté fût sufisamment autorisé par le Roi, & qui fût de l'autre sufisamment instruit du prix des choses par raport au canton.

Je propose les mêmes moyens, qui ont déja été pratiquez ; ce qu'il y a de nouveau dans ma proposition, consiste en deux points. Le premier est l'union de deux moyens anciens, qui n'avoient jamais été mis en usage que séparément. Le second est la déclaration de chaque taillable ; ces déclarations aideront infiniment les Estimateurs à faire leurs estimations justes, je suis persuadé que beaucoup d'autres auront déja pensé la même chose que moi ; les moyens simples vienent naturelement à l'esprit des persones, qui pensent raisonablement ; je renfermerai ces moyens dans les six articles suivans.

I.

Les Taillables de chaque Paroisse après avoir nomé dans leur assemblée générale les Colecteurs de l'année suivante, nomeront encore d'entre les autres taillables dix Estimateurs des biens sujets à la Taille.

I I.

A l'affemblée de l'eftimation préfidera un Gentilhome choifi par la Nobleffe de l'Election, auto-
rifé par les provifions du Roi, régiftrées à la Cour
des Comptes.

I I I.

Cette affemblée fera compofée de Colecteurs nomez pour l'année fuivante, & d'une partie des Eftimateurs choifis, mais ils ne pouront tous enfemble
exceder le nombre de dix fans compter le Préfident.

I V.

Le Préfident choifira entre les dix, ceux qu'il jugera à propos de faire entrer dans l'affemblée avec
les Colecteurs, & poura en exclure dans la fuite ceux
qu'il jugera à propos, mais il fera obligé de les rem-
placer par les autres, qui auront été nomez par les
habitans, & à qui il n'avoit pas doné feance dans
l'affemblée de l'eftimation.

V.

Chaque Taillable fignera la déclaration de fes
biens, & la donnera au Greffier des eftimations dans
les mois de Janvier, Février & Mars de chaque année, fuivant le modele qui en fera rendu public ; il
donera autant de déclarations, qu'il y aura de Paroiffes, où il poffede des heritages, foit comme propriétaire, foit comme ufufruitier, foit comme fimple Fermier, faute de quoi il ne poura fe plaindre
dans la fuite, que fes biens ayent été eftimez trop
haut.   F ij

VI.

Le Préfident n'aura qu'une voix dans l'eftimation du bien de chaque Taillable, & tout s'y décidera en dernier reffort à la pluralité des voix des Colecteurs & des autres Eftimateurs, qui auront feance dans l'affemblée, après avoir fait lecture de la déclaration du Taillable, s'il l'a donée.

REFLEXIONS.

Avec ces fix Articles *fondamentaux*, on rémedie à tous les inconvéniens, & l'on en tire tous les avantages, que l'on ne pouvoit atendre des réglemens précédens.

1°. D'un côté le Préfident des Eftimateurs ne poura plus abufer de fon pouvoir en faifant des impofitions arbitraires & très-difproportionées, il jugera fur les déclarations de la valeur des biens, mais ce fera par l'avis des plus inftruits & des plus gens de bien entre les habitans, qui auront eu comunication des titres, & de l'autre il fera tenir les affemblées dans une forme juridique, elles ne feront plus tumultueufes, il y fera obferver l'ordre & la regle ; ainfi il procurera un bien confidérable, & ne poura jamais caufer aucun mal.

2°. Souvent fur des bruits incertains, les habitans ftimoient trop ou trop peu les biens de plufieurs Taillables ; or les déclarations en détail leur doneront des lumieres plus précifes & plus exactes ; & lorfqu'il y aura quelque conteftation fur des omiffions ou fur de fauffes eftimations, il fera aifé de

faire entrer le Taillable dans l'affemblée, & de connoître la verité par fes réponfes, par fes contrats,
par fes baux, par fes voifins, & d'eftimer enfuite
fon bien au plus près du vrai, en recuëillant les avis
de ceux, qui doivent être regardez comme les mieux
inftruits des faits alléguez.

3°. Si je propofe que cette eftimation foit un Jugement en dernier reffort, c'eft que les Juges en dernier reffort, qui auroient à décider fur le plus ou le
le moins de la valeur des biens de deux Taillables,
ne pouroient jamais rien faire de plus juridique,
que de faire nomer par les habitans de la Paroiffe
dix Experts les plus habiles & les plus gens de bien,
& de faire préfider ces Experts par un Gentilhome
choifi par la Nobleffe du péïs, comme home habile
& d'une grande integrité, & cela en préfence, &
après avoir écouté les Parties dans toutes leurs re-
prefentations.

La plus grande erreur où une pareille compagnie
puiffe tomber, n'ira pas ordinairement à un cinquiéme de trop par arpent, & cette erreur poura fe coriger l'année fuivante, & ce qui eft décifif, elle ne
vaudroit la peine d'avoir un procès. Supofons, par
exemple, que dans l'eftimation de deux pieces de
terre apartenantes à un Taillable, l'Affemblée les
ait eftimées à 100. liv. ou à 3. liv. 15. fols l'arpent, au
lieu de les eftimer à un écu l'arpent, ou à 80. liv. la
diférence eft de 20. liv. or fupofant la Taille au cinquiéme du revenu, tout le tort prétendu n'iroit qu'à
4. liv. une fois péyée, & une prétention de 4. liv.
vaudroit-elle un procès? Il poura même ariver que
d'autres pieces de terre du même Taillable feront

eftimées un peu moins qu'elles ne valent, ce qui fera une compenfation.

Si une affemblée de pareils Experts peut être autorifée par un Parlement, par une Cour des Comptes, à rendre un Jugement d'eftimation en dernier reffort, pourquoi ne pouroit-elle pas l'être par le Confeil, fur tout lorfqu'il eft de la derniere confequence pour le bien de l'Etat & pour le bien des Taillables, de leur faire éviter une infinité de procès ruineux.

Enfin dans le cours de dix ans, celui qui a peyé en une année 4. livres de trop, en eft recompenfé par dix autres, qui par femblable erreur, auront peyé à fa décharge 4. livres de trop ; ces petites erreurs font inévitables parmi les homes, mais hureufement elles ne nüifent à perfone, quand elles portent leur compenfation avec elles.

4º. L'Eftimateur poura doner fon avis felon fa conf-cience fur la déclaration d'un Taillable, fans avoir à craindre que le reffentiment de ce Taillable lui atire jamais une Taille difproportionée ; cet Eftimateur, en donant fa déclaration jufte l'année fuivante, n'aura jamais à craindre que les Eftimateurs de cette année eftiment fon bien à un prix exceffif, d'autant plus qu'il poura encore être nommé eftimateur pour cette année-là ; enfin il faudroit que tous les Eftimateurs ou la plus grande partie, époufaffent la querelle de celui, qui feroit léfé, & qu'ils fe réfoluffent à faire une injuftice évidente pour le venger, chofe, qui n'eft nullement à craindre.

5º. Ces Eftimateurs ne feront plus tentez par des promeffes, d'eftimer les biens beaucoup au-deffous de ce qu'ils valent. 1°. C'est qu'il faudroit pour cela, que celui qui voudroit les tenter, fit des presens & des promesses au plus grand nombre des Estimateurs; or, alors il ariveroit, que ce qu'il pouroit obtenir par leurs sufrages, ne vaudroit pas ce qu'il leur doneroit, ou ce qu'il leur prometroit. 2°. Si, par leur estimation trop foible, ils déchargeoient un Taillable de cent sous, ils verroient bien, qu'il faudroit qu'ils peyassent leur part de ces cent sous dans l'estimation, puisque la Taxe totale de la Paroisse sera répartie au marc la livre de l'estimation des biens de tous les Taillables.

6°. Si le Roi, qui créa les Elûs, leur avoit joint un Conseil d'habitans dans chaque Paroisse, ou si le Roi, qui dona le droit de faire la répartition proportionelle aux habitans, leur avoit ordoné de faire simplement l'estimation des biens de chacun, s'il avoit augmenté le nombre des Estimateurs, & s'il avoit fait choisir quelque home d'autorité pour les présider; si ces Rois avoient ajoûté à cela l'obligation à chaque Taillable de doner sa déclaration, ils auroient eû de leurs reglemens tout le succès qu'ils en pouvoient atendre, mais nous devions aux soins & à la grande capacité du Régent le perfectionement de ces importans Reglemens.

7°. Il n'est pas douteux, que si ces articles *fondamentaux* sont exactement observez, l'estimation des biens sera faite avec une justesse sufisante, & par conséquent la répartition du subside se fera avec proportion & avec justice; il n'est donc question que de proposer encore quelques articles *subalternes*, dont on puisse atendre cette exacte observation, &

c'eſt ce que je vais faire dans le troiſiéme Chapitre, en éclairciſſant quelques dificultez, qui ſe
preſentent naturellement, & en répondant à quelques objections que l'on m'a faites.

CHAPITRE III.

ECLAIRCISSEMENS.

IL y a deux ſortes d'objections. Les premieres ſont
contre le premier Chapitre, & combatent les avantages de la proportion. Les autres regardent le ſe-
cond Chapitre, & ataquent *les moyens* propoſez pour
établir cette proportion.

OBJECTIONS

Contre la premiere Partie.

OBJECTION I.

Je conviens que la Taille proportionelle, la
Dixme Royale & proportionelle, le Dixiéme Denier des heritages, la Capitation proportionelle, le
Centiéme Denier de Holande, l'Impôt des quatre
Schelins par livre ſterlin ſur le revenu des terres en
Angleterre, qui revient au cinquiéme Denier; je
conviens que tous ces ſubſides proportionels ſont
bons en Holande & en Angleterre, que l'établiſſement en eſt excellent dans les Républiques & dans
les autres Etats, qui ont conſervé à la nation le droit
d'impoſer

d'impofer, de lever, & de faire rendre compte de l'Employ des revenus publics felon leur deftination.

Je conviens que cette méthode eft très-défirable dans les Etats, où l'on a confervé la diftinction effentielle entre le revenu du Roi & le revenu de la Nation, entre les deniers du Roi deftinez à fa perfone, & les deniers publics deftinez à peyer les Troupes, les Fortifications, les Archers, les Magiftrats, les Dettes, & les autres Charges du Public & de la Nation; je conviens que cette obfervation de proportion eft excellente dans des Etats, où l'on jugeroit puniffable de mort honteufe, celui qui auroit doné par Ordre du Roi même, les deniers deftinez à peyer les Troupes ou autres Charges publiques & néceffaires, & qui auroient été employez à des dépenfes moins preffées & moins néceffaires; je conviens, dis-je, qu'il n'y a point à craindre qu'on leve trop fur les Citoyens, quand ceux qui ordonent l'impofition, en peyent leur part, & ne profitent jamais d'aucun revenant bon.

Je conviens même, que la difproportion, telle qu'elle eft en France dans la Taille, eft un grand mal : mais je foûtiens que c'eft un beaucoup moindre mal, que celui qui ariveroit à l'Etat, fi par les Reglemens que vous propofez, on venoit à bout d'établir la proportion la plus exacte dans l'impofition de la Taille & de la Capitation; parce qu'avec le mal préfent, l'Etat peut fe foûtenir & fe rétablir, au lieu qu'avec vôtre proportion fi vantée, l'Etat périra infailliblement peu à peu, & fera bouleverfé avec la Maifon Royale avant 150. ans : voici ma preuve.

G

Qu'arive-t-il, lorſque le Roi ou le Conſeil voit, qu'il ne peut pas charger davantage le bas peuple ſans le faire crier, ſans le mettre au déſeſpoir, & ſans faire révolter des gens, qui n'ayant plus rien à perdre dans la ſituation preſente, n'ont plus rien à eſperer que d'un changement de Gouvernement ; il arive qu'un Roi voyant qu'il ne peut pas peyer toutes les Penſions, & toutes les autres Charges qu'il s'eſt impoſées, ſonge à retrancher les moins néceſ-ſaires, & il remet à un meilleur tems les autres dé-penſes inutiles à l'Etat, qu'il avoit projetées.

Qui eſt-ce qui nous produit deux ſi grans biens? L'un, que le Roi retranche des dépenſes & des charges peu néceſſaires, & l'autre, qu'il ſe retient ſur des dépenſes inutiles, qu'il auroit grande envie de faire : c'eſt le bas peuple qui crie, quand il ſe ſent acablé ſous le faix ; ces cris ſont entendus par les In-tendans & même par les Courtiſans, qui font quel-que ſéjour dans les Provinces : ces cris ſont de tems en tems portez juſqu'au Roi, ou par les Miniſtres, ou par les Courtiſans ; ſans ces cris, ſans la miſere du bas peuple, le Roi feroit un quart, une moitié plus de dépenſe, il doneroit encore plus de penſions inutiles à l'Etat, parce qu'il pouroit facilement tirer beaucoup plus de ſubſides.

La dépenſe du Roi demeure donc quelques an-nées ſans augmentation par l'impoſſibilité de tirer davantage de ſubſides ; or pendant ces années, le haut peuple, qui, à cauſe des protections, n'a pas été entierement ruiné ; les Eccleſiaſtiques, la No-bleſſe & les autres Exemts, qui n'ont pas été entiere-ment ruinez par les ſubſides, aident au bas peuple

à se rétablir , & en neuf ou dix ans l'Etat revoit une
sorte d'abondance, & c'est cette sorte d'abondance,
que les Rois & leurs Ministres succent bien-tôt
après, en mètant sur les Tailles d'année en année,
tantôt six deniers, tantôt un sou par livre d'augmentation : mais enfin le bas peuple non protégé, retom-
be bien-tôt dans la grande misere par la disproportion, & alors nouveaux cris, & le Roi s'arête; c'est la
seule digue qui nous reste contre la facilité des Rois,
& contre la soif insatiable des maîtresses, des favo-
ris & des courtisans : or nôtre unique digue, vous
voulez nous l'ôter par vôtre proportion.

Car enfin supofons vôtre proportion établie &
dans la Taille & dans la Capitation, que l'on ait
mis sous le nom de ces subsides la Gabelle, une
partie des Aydes, & que ces subsides généraux pro-
duisent au Roi cent millions; que le Roi veüille
augmenter son revenu d'un centiéme, celui qui peye
cent sous, criera-t-il pour un sou de plus? Celui,
qui peye cent écus, criera-t-il pour cent écus? Cependant si ce Prince & ses Successeurs veulent ainsi
augmenter leur revenu tous les ans d'un centiéme
pendant cent ans, le subside doublera, & il viendra
enfin au point, où le bas peuple se trouvant chargé
beaucoup au-delà de ses forces, & autant ruiné qu'il
l'est presentement, poussera à la verité son cri, ce
cri arêtera l'augmentation des subsides: mais, comme par malheur le haut Peuple, les Eclésiastiques,
les Gentilshomes & les autres exemts, auront tous
peyé à proportion du bas peuple, ils se trouveront
tous également ruinez, & entierement hors d'état
de doner du secours à ce bas peuple pour se rétablir ;

comme ils en donent aujourd'huy dans le fyftême de la protection & de la recomandation, dans le fyf-tême de l'injuftice & de la difproportion : ainfi l'Etat entier fera ruiné fans reffource & fans aucune efperance de rétabliffement par ce fyfteme fi mer-veilleux de la proportion, & cela, faute de ce pre-mier cri particulier d'une partie des Sujets, que caufe la difproportion, & qui fe fait entendre avant la ruine totale de tous les autres.

Et à dire le vrai, ces Princes feront encore fort moderez, en ne demandant chaque année qu'un cen-tiéme d'augmentation des fubfides de l'année pre-cedente, les prétextes plaufibles ne leur manque-ront pas, & que fera-ce, fi quelqu'un d'entr'eux n'ont pas une pareille moderation ?

Or un Etat bouleverfé eft un Etat, qui doit au-tant qu'il a, comme une maifon bouleverfée eft une maifon, qui doit autant qu'elle a : car enfin s'il arive une guerre, où prendre de nouveaux fubfides ? puif-qu'on fupofe que les fubfides ont été pouffez infen-fiblement au dernier degré par les dépenfes inutiles des Rois, qui fe font fuccedez: où trouver du credit, quand tout eft aliené, & quand les revenus font con-fomez ? Ainfi, ou les Sujets fe révolteront fur les nouveaux fubfides qu'on leur demandera, ou bien ils pafferont entre les mains d'une Puiffance étran-gere, faute de pouvoir fournir ces nouveaux fubfi-des, & n'eft-ce pas-là le bouleverfement du Royau-me & de la Maifon Royale ?

Il eft vrai que ce renverfement fe fera peu à peu, c'eft un édifice que l'on fapera infenfiblement, mais que l'on fapera tous les jours par les fondemens, &

il croulera enfin tout d'un coup & tout entier, au lieu qu'en laiſſant les choſes comme elles ſont, la Cour ſera avertie qu'une cinquiéme partie du peuple va tomber dans la diſette, elle s'arêtera & la laiſſera ſe rétablir avec le ſecours des quatre autres parties, qui ſe ſoûtienent encore, & qui ſe ſoûtienent, à cauſe de la charge *diſproportionée* de la partie baſſe.

Autant que la *facilité*, de lever promtement & d'augmenter les ſubſides ſelon le beſoin & l'utilité de l'Etat, eſt déſirable dans une République où il y a ſûreté, qu'on ne levera rien que de néceſſaire, & que rien ne s'employera que très-utilement pour tous ceux qui peyent ces ſubſides ; autant *cette facilité* eſt-elle dangereuſe pour un état, où il y a une eſpece de ſûreté, qu'on les augmentera ſans néceſſité, & qu'on ne les employera preſque jamais tous entiers à leur deſtination, mais très-ſouvent à des dépenſes, qui ſont très-inutiles à un million de pauvres familles, qui ont beaucoup de peine à peyer ces ſubſides.

Car enfin quelle ſûreté peut-on prendre ſur là volonté d'un Prince, qui n'aura d'impatience que pour ſatisfaire ſes fantaiſies, qui peut être livré à diverſes paſſions, comme à la paſſion des femmes, à la paſſion de la guerre, à la paſſion des bâtimens, des Fêtes, des meubles, des tableaux, des ſtatuës, des ſpectacles, & qui fera ſon plaiſir d'enrichir de lâches Courtiſans par des préſens & par des penſions, ſans ſe ſoucier d'apauvrir ſon peuple par des ſubſides exceſſifs.

Par une Loi fondamentale de l'Etat, les François

font proprietaires de leurs héritages, ils fuccedent à leurs parens, au lieu que dans les Monarchies d'Orient, le Monarque eft le feul proprietaire de la Monarchie, il fuccede feul à tous fes fujets comme à fes efclaves ; or, lorfque ces fubfides feront peu à peu portez à un fi haut point, que les proprietaires ne tireront prefque rien de leurs héritages au-delà du fubfide, ils n'en feront plus réellement que fimples Fermiers : or qui peut empêcher nos Rois futurs de faper infenfiblement cette Loi fondamentale de la proprieté des Sujets, s'ils trouvent par l'établiffement des fubfides proportionels une facilité à augmenter tous les jours ces fubfides.

On ne peut pas même efperer que la confcience des Rois foit une digue fufifante, pour foûtenir la Loi fondamentale de la proprieté & des fucceffions parmi les Sujets ; il y a eu des Miniftres affez lâches, pour affûrer le feu Roi, qu'il étoit le maître légitime & le veritable proprietaire de tous les biens de tous les François, que la France étoit fa terre héréditaire, que nous n'étions tous que fes Fermiers, & qu'il pouvoit par conféquent en fûreté de confcience, employer les fubfides du peuple, auffi-bien à fes bâtimens & à fes plaifirs, qu'à la confervation & à l'enrichiffement de l'Etat. Tels font les difcours de la flaterie, & la flaterie eft de tous les Regnes ; les flateurs ont même un grand avantage pour perfuader ces difcours à la plûpart des Rois, c'eft qu'ils n'ont pas befoin de raifons folides ; ils n'ont befoin que de quelques prétextes & de quelque malheureux fofifme, tel que celui-ci qu'on atribuë à un premier Miniftre peu confcientieux, & qui n'avoit

pas à craindre d'être combatu par un casuite relâ-
ché. *Vôtre volonté seule*, disoit-il au Roi, *fait & con-
serve les Loix ; or les Loix seules font & conservent à vos
Sujets le droit de succeder, & la proprieté de leurs biens,
donc c'est par vôtre volonté seule, que les particuliers ont des
successions & quelque proprieté des biens, qu'ils possedent
présentement.*

C'est une autre Loi fondamentale de l'Etat, que
le Roi ne peut aliener son Domaine à perpetuité,
& que par consequent le Roi Successeur peut le retirer : mais cette Loi fondamentale demeure inutile, dès que le Roi Successeur ne peut plus en joüir
sans rembourser le prix, pour lequel il a été engagé,
sur tout lorsque ce prix passe de beaucoup la valeur
de la chose engagée ; & il n'est plus question de ve-
rifier, si le prix de l'alienation a été employé à for-
tifier une Place frontiere, ou à satisfaire le luxe d'une
maîtresse.

D'ailleurs qu'importe que le Roi ne puisse aliener son Domaine, s'il peut emprunter à rente des
sommes, dont le seul interêt passe quatre fois le revenu de son Domaine, pour l'employer à des dépen-
ses inutiles à la conservation & à l'enrichissement de
l'Etat, & si après sa mort l'Etat demeure chargé de
peyer ces rentes ; n'a-t-on pas trouvé ainsi le moyen
de saper encore de cette autre maniere la Loi fondamentale, qui défend l'alienation du Domaine ? Or
cette facilité, que vous nous donez par vôtre proportion, pour augmenter tous les jours les subsides,
fera, que non seulement le Roi poura tous les ans,
en levant un centiéme de plus, avoir un million de
rente de plus : mais il poura même vendre ce mil-

lion de rente, l'aliener, & en recevoir le capital au
deniet vingt, & poura charger tous les ans l'Etat
d'un capital de vingt millions, foit pour des bâtimens, foit pour d'autres dépenfes, qui ne feront
d'aucune utilité pour l'Etat même, & tel fera l'effet
de vôtre belle invention ; les Rois ruineront *facilement* leur Royaume, & ruineront par confequent
leur Maifon en peu d'années.

Pour conferver les maifons de quelques particuliers pendant quelques générations, malgré la prodigalité & la malhabilité de quelques fucceffeurs,
que fait le fage fubftituant, il leur rend par une
bonne fubftitution les emprunts les plus dificiles
qu'il peut ; les revenus de la Couronne paffoient au-
trefois pour être fubftituez, & les Etats Généraux
étoient les Protecteurs de cette fage fubftitution :
mais il n'y a plus ni fubftitution pareille, qui fubfifte,
ni Etats Généraux qui la foûtienent ; ainfi en facilitant fi fort la levée des fubfides, que faites-vous,
autre chofe que d'en faciliter l'augmentation, & de
diminuer de cette forte, autant que vous pouvez,
ce qui refte de cette ancienne fubftitution de nos
Rois, en facilitant des emprunts à leurs fucceffeurs
pour des dépenfes frivoles & inutiles.

Tant que les Rois de France ont eu befoin du con-
fentement des Etats Généraux, foit pour l'augmentation d'un fubfide ancien, foit pour l'établiffement
d'un fubfide nouveau ; tant que ces Etats ont confervé le droit de fe faire rendre compte tous les ans par
les Receveurs de ces fubfides de l'employ des deniers, & de punir irremiffiblement de mort ceux,
qui les auroient doné, fans ordre des Etats, à d'autres,

tres , qu'aux perfones à qui ils étoient deftinez par l'Acte même d'impofition. Tant qu'il y a eu en France deux revenus très diftinguez , comme en Angleterre le revenu de la Lifte civile, où le revenu du Roi eft fort diftingué du revenu de la Nation ; il y avoit une digue pour empêcher l'inondation , que caufent les dépenfes immenfes de la Cour, mais malheureufement pour les Sujets & pour la Maifon Royale ; les Rois mal-confeillez par des Miniftres ambitieux, ont crû à propos de ne plus convoquer d'Etats Généraux : ainfi il n'y a plus de digue , ni contre l'impatience , la vanité & la colere de quel- ques Rois , ni contre la facilité & la douceur des autres , ni contre l'avarice & l'avidité infatiable des Courtifans.

Il eft vrai qu'il n'y a point de Loi en France , qui ait aboli les Etats Généraux : & comment y en au- roit-il une femblable, puifqu'il faudroit qu'elle eût paffé dans une affemblée des Etats Généraux mê- mes : mais enfin il n'y en a plus depuis plus de cent ans, ainfi il n'y a plus de prefervatif contre l'impru- dence des Rois prodigues.

Après la perte des Etats Généraux, il reftoit encore une foible digue contre les impofitions nouvelles & inutiles , c'étoit les remontrances du Parlement de Paris & des autres Parlemens : mais outre qu'ils n'a- voient nul droit de demander compte aux compta- bles & de les punir, ils n'avoient pas même le droit de faire des remontrances fur l'augmentation *des an- ci ens* fubfides, & puis une digue, qui fe franchit avec une fimple Lettre *de Juffion*, eft-ce une digue ?

Ce qui a caufé l'aneantiffement des Etats Généraux, c'eft que la plûpart des Députez n'avoient pas une conoiffance fufifante de l'Etat prefent des afaires publiques, ni une conoiffance fufifante des principes de politique, ainfi ils donoient de mauvaifes raifons, & de leurs demandes & de leurs refus.

Il n'eft pas furprenant qu'il n'y eût alors, & qu'il n'y ait encore prefentement que très-peu d'homes habiles en politique, & inftruits de l'état des afaires de la Nation; les Miniftres des Regnes précedens n'avoient nul interêt de maintenir les Sujets dans l'ignorance de la Phyfique, des Mathematiques, & d'autres fiences femblables: mais ils avoient tous grand interêt de cultiver en France une grande ignorance de la politique pour fe rendre plus neceffaires, & pour avoir moins de rivaux à craindre, ils avoient par confequent grand interêt d'empêcher l'impreffion des bons memoires & de bons Traitez politiques, & de rendre fufpects, comme gens inquiets & féditieux, tous ceux qui euffent voulu en faire imprimer, & l'on peut dire qu'ils ont toûjours fortbien fuivi leurs interêts, quoique très-opofez en cette ocafion, comme en beaucoup d'autres à l'interêt du Roi, qui n'a point de plus grand interêt, que de multiplier dans fon Royaume la lumiere fur toutes les parties du Gouvernement, pour trouver dans un plus grand nombre de Sujets habiles, plus de fecours dans les afaires dificiles, & pour tirer beaucoup plus d'utilité du grand nombre de leurs découvertes.

Il étoit donc facile aux Miniftres, qui naturellement veulent difpofer de tout à leur gré, de décrier ces Députez dans l'efprit du Roi, les uns comme des ignorans, les autres comme des mutins : mais enfin ces Etats font décriez & entierement décreditez ; ainfi plus de digue de ce côté-là, plus de digue d'aucun côté, foit contre l'excès des fubfides , foit contre le mauvais employ de ces fubfides, & avec vôtre Taille proportionelle, vous voulez nous ôter la feule digue qui nous refte : eft-ce être bon François, que de doner des expédiens pour faper infenfiblement les fondemens de l'Etat ? Eft-ce être bon Sujet, que de propofer des moyens pour conduire par un chemin agreable & femé de fleurs, les Rois & la Maifon Royale dans le précipice ?

REPONSE.

Je n'ai rien voulu déguifer de la force de l'objection, & fi je n'avois pas trouvé des réponfes fatisfaifantes, je n'aurois pas paffé outre.

1o. Il n'y a point de bonnes chofes, qui ne puiffent devenir mauvaifes par l'abus que l'on en peut faire : s'enfuit-il qu'il faille s'en priver, dans le tems même que l'on en a le plus de befoin ? Doit-on conclure qu'il faut banir l'Eloquence, la Religion, la Philofophie, la Medecine, l'Art militaire, la Politique, &c. parce que l'on peut en abufer.

2o. Quand le reglement de la Taille proportionelle ne pafferoit pas prefentement au Confeil, par la crainte que l'on auroit aujourd'huy, que les Rois futurs n'en abufaffent à leur préjudice ; il eft certain que quelqu'un d'eux le fera paffer avant cent ans ; il paroît trop utile : on en a trop parlé ; il a été trop avancé, il s'eſt fait trop de Mémoires ſur la matiere, les mauvais efets de la diſproportion, ſont trop ſenſibles ; les bons efets de la proportion ſont trop évidens, au lieu que la crainte de l'abus, que les Rois en peuvent faire par ſucceſſion de tems, ne vient pas à l'eſprit de tout le monde, & combien de gens ont creuſé la matiere, combien de gens ont fait des objections contre ce ſyſtême, ſans que cette objection ſe ſoit preſentée à eux ; or, dès que l'on prévoit que cette proportion ſur l'établiſſement des ſubſides, ſera enfin établie un jour, & que pendant les premiers tems de cet établiſſement, l'Etat en ti-rera un grand avantage ; ne vaut-il pas mieux pour nous, qui vivons, & qui ſomes dans la ſoufrance, que cet établiſſement ſe faſſe de nôtre temps, afin d'en profiter, que de le laiſſer à former à ceux, qui nous ſurvivront dans cent ans.

3°. Ceux qui conoiſſent l'état de nos Finances, ſavent que le Regent les a trouvées bouleverſées, le credit public entierement perdu, les ſubſides à l'extrémité, & cependant inſufiſans pour peyer les Troupes, les Charges néceſſaires, & les interêts des dettes du Roi ; ils ſavent que malgré tout le bon ordre que l'on y a déja mis, que malgré les grans retranchemens qu'on a faits dans la dépenſe, elles ſont encore en tel état, que ſans le promt établiſſe-ment de la proportion dans les ſubſides, le Roi au-roit de la peine à ſoûtenir avantageuſement une lon-gue guerre, & ſeroit en péril d'y ſucomber. Je paſſe donc qu'il y a du péril, que les Rois futurs n'abu-ſent de la facilité, que la proportion dans les ſubſi-des leur donera pour les augmenter à l'excès : mais

enfin peril pour peril, n'eſt-il pas plus ſage de ſonger à éviter celui, qui eſt ſi prochain, & qui nous
regarde, que celui, qui eſt ſi éloigné, & qui ne regarde que nôtre poſterité, & la poſterité de nos Rois.

4⁰. Si l'on rend la Capitation proportionelle comme la Taille, les Bourgeois des grandes Villes & les
Magiſtrats, ne craindront-ils pas avec raiſon d'être
ruinez par des augmentations, où ils ne voyent point
de bornes ; or peut-on croire, que dans cette crainte,
ils ne pouſſent pas leurs cris de tems en tems avant
leur ruine totale : or leurs cris étant plus forts & plus
voiſins du Souverain, ne feront-ils pas encore plus
écoutez que ceux du bas peuple, ne ferviront-ils pas
ainſi de digue ſufiſante à la prodigalité des Rois imprudens.

5⁰. Il eſt certain qu'en rétabliſſant les Etats Généraux, & en leur donant d'un côté aſſez de ſtabilité,
& de l'autre, aſſez d'autorité pour empêcher l'excès
des ſubſides, la diſſipation & le mauvais employ
des Finances de l'Etat, la Maiſon Royale auroit un
préſervatif ſufiſant contre les malheurs qui pouroient lui ariver par l'imprudence de quelque diſſi-
pateur.

Les particuliers ont bien inventé les reglemens
des ſubſtitutions, pour conſerver pendant pluſieurs
ſiecles leurs Maiſons dans la ſplendeur, malgré les
débauches, le luxe, le déſordre, le jeu, la diſſipation, & les autres imprudences de leurs Succeſſeurs ;
la Loi civile ſauve ainſi les enfans des malheureux
efets de l'imprudence des peres, elle ôte ſagement
aux predéceſſeurs inſenſez, le pouvoir d'enyeloper
dans leur ruine leurs ſucceſſeurs, & elle n'ôte rien

H iij

aux-peres fages : car eft-ce leur ôter quelque chofe, que de leur ôter le pouvoir de ruiner leur maifon, puifque c'eft le propre de la fageffe d'ôter aux fages le pouvoir de faire des folies.

Peut-on dire que la Loi *civile* foit préjudiciable à ces Maifons? ne doivent-elles pas au contraire leur durée & leur fplendeur à la fageffe de la Loi, & à la protection que l'Etat done à la Loi. Or, pourquoi ne fe trouveroit-il pas dès ce fiecle-cy un Roi fage, qui établiroit comme *Loi fondamentale*, la Loi, qui doneroit le pouvoir aux Etats Généraux de faire rendre compte tous les ans à leurs Comiffaires des revenus & des dépenfes de la Nation; une Loi, qui pourvoiroit à la liberté & à la feureté des membres; une Loi, qui pourvoiroit aux moyens, de ne faire jamais recevoir pour Députez des Etats, qué ceux qui auroient fait preuve *fufifante* par leurs emplois, des progrès qu'ils auroient faits dans la politique en général & en particulier dans la connoiffance de nôtre Gouvernement, & de l'état prefent de nos afaires ?

Mais je parlerai dans un autre difcours des avantages du rétabliffement des Etats Généraux & de leur autorité, par raport aux grands avantages qu'en tireroit la Maifon Royale, & de la forme qu'il feroit à propos de leur doner, pour laiffer aux Rois fages tout le pouvoir neceffaire de s'enrichir, en enrichiffant leurs Sujets, & pour ôter aux Rois, ou imbecilles, ou imprudens, tout pouvoir de fe nuire, de s'apauvrir & de renverfer leur maifon; il me fufit ici pour réponfe à l'objection, de faire entrevoir, qu'il eft très-poffible qu'un Roi fenfé pour plufieurs

grands avantages, & entr'autres pour rendre sa maison plus durable, rétablisse les Etats Generaux, &
qu'il en perfectione la forme : or, delà je conclus
qu'il n'est donc pas certain que l'établissement de la
proportion dans les subsides, produira necessaire-
ment le renversement de la Monarchie & de la Maison Royale, & que le mal que peut produire la proportion des subsides, étant incertain, & le bien au
contraire étant très-certain, très-grand & très-pre-
sent, le Regent fait très-sagement de faire travailler vivement à rendre la Taille & les autres impo-
sitions proportionelles.

O B J E C T I O N II.

Plus vous procurerez d'abondance dans un Etat,
plus vous y causerez de faineantise, c'est la disette,
ce sont les besoins qui excitent au travail.

R E' P O N S E.

1º. Comme cette abondance des fruits & des productions de la terre, ne peut venir que de l'abondance du travail necessaire pour la culture ; si vous
suposez l'abondance continuelle, il faut que vous
suposiez un travail continuel, donc il n'y aura point
alors de faineans.

2º. Si les jeunes gens, qui ne songent qu'au present, & qui ont peu de souci de l'avenir, gou-
vernoient les familles, l'abondance pouroit causer
la faineantise pour l'anée abondante, & la faineantise causeroit la disette pour l'anée suivante : mais

heureufement ceux qui gouvernent les familles, ont foufert de la mifere ; ils conoiffent les maux qu'atire la faineantife, ils veulent même amaffer pour leurs enfans, ils craignent les maladies, les ftérilitez, & les autres malheurs qui leur peuvent ariver ; ceux qui font à couvert de la mifere, veulent encore élever leur famille ; ainfi ils travailleront tous également dans l'abondance, pour paffer d'une condition bonne à une meilleure & plus élevée : ainfi ce travail ne fera prefque jamais diminué par l'abondance.

Les comoditez, où l'on eft acoûtumé, font que l'on commence à defirer les comoditez que l'on voit chez les autres, & où l'on n'eft pas acoûtumé ; ainfi les defirs, & par confequent les befoins qui preffent d'aquerir, ne manquent point, quand les moyens d'aquerir font fous la main, & que l'aquifition de nouvelles richeffes aportent de la diftinction entre fes pareils.

OBJECTION III.

Il eft vrai, que plus il y aura de riches Taillables, qui refteront dans les campagnes, mieux elles feront cultivées ; ce que vous dites, de l'avantage qui reviendroit à l'Etat de l'augmentation de la culture de la terre, eft très-plaufible : mais cependant l'experience nous montre que le peuple ne foufre jamais tant, que lorfque le bled, le vin, le cidre & les autres denrées, font en abondance & à meilleur marché.

REPONSE.

RÉPONSE.

1°. Les trois quarts des habitans d'une Paroisse ne sont point Fermiers, ils sont ouvriers, artisans, marchands, ou bien ils cultivent leur champ propre ; or peut-on soûtenir, que dans l'abondance des choses nécessaires à la vie, ces ouvriers, ces artisans, ces marchands qui les achetent à bon marché, soufrent plus dans l'abondance, que dans la disette, où ils sont obligez de les acheter cher.

2°. A l'égard des Fermiers, ils ne font pas le quart du peuple, & même il y en a de deux sortes : ceux qui peyent en denrées, & que l'on apelle métayers, ne se soucient point que les denrées soient à meilleur marché ; & pour ceux qui peyent en argent, ils sont recompensez en une chose, c'est qu'au lieu de cent mesures de bled qu'ils ont dans la disette, & qu'ils vendent cent écus, ils en ont cent cinquante dans l'abondance, qu'ils vendent le même prix de cent écus ; & il est plus avantageux à l'Etat d'avoir un tiers plus de denrées, une anée que l'autre, comme nous l'alons montrer. Il y a même une considération pour le Fermier, c'est que les années ne se ressemblent pas, les mauvaises sont recompensées par les bonnes ; & si la vilité des marchandises continuë, il baisse le prix des baux subséquens, ou demande à peyer en denrées comme le métayer ; ou enfin il fait son bail sur le pied, non d'une anée abondante, mais sur un pied mitoyen.

3°. A l'égard du Seigneur ou proprietaire, qui done sa Terre à Ferme à prix d'argent, il est vrai

qu'il eft plus dificilement peyé par le Fermier, lorfque les denrées font à bon marché, mais il eft dé-
domagé par un autre endroit : c'eft que les denrées
qu'il achete pour la fubfiftance de fa maifon, font
auffi à bon marché ; & comme les manufactures
donent leurs ouvrages à proportion du bon marché,
où font les vivres des ouvriers & la matiere de la
manufacture, il arive que fi le proprietaire tire
moins d'argent de fon Fermier, il a auffi tous fes autres befoins à moins d'argent.

4°. L'argent eft une marchandife, dont le prix
hauffe & baiffe dans un Etat comme les autres marchandifes, ce prix vient d'une certaine proportion
entre toutes les marchandifes, fur tout entre les plus
importantes à la vie, qui font celles, qui fervent à
la nouriture & à l'habillement, & cette proportion
eft très-changeante à caufe des diférentes caufes de
ce changement, tant par raport aux comerces inté-
rieurs de l'Etat, qu'aux comerces exterieurs avec
l'Etranger, tantôt l'acheteur eft plus preffé d'acheter, que le vendeur n'eft preffé de vendre ; tantôt le
vendeur eft plus preffé de vendre, que l'acheteur
n'eft preffé d'acheter : mais comme beaucoup d'argent eft moins néceffaire aux befoins de la vie, que
beaucoup de marchandifes, il eft évident qu'un
Etat, avec cent millions en argent, & neuf cens millions en marchandifes, eft réellement plus riche, &
a moins de befoins preffans, que s'il avoit neuf cens
millions en argent, & cent millions en marchandifes : c'eft que cent millions en argent & même cinquante, fufifent à un Etat pour faciliter le comerce,
& cent millions de marchandifes ne luifufiroient pas

pour fes befoins, & l'Etranger eft bien plus preffé de doner fon argent pour avoir fes befoins en denrées & autres marchandifes, que le citoyen n'eft preffé de doner fes denrées pour avoir de l'argent, qui ne lui eft pas fi néceffaire, que fes denrées font néceffaires à l'Etranger.

5°. Qu'on examine le comerce d'un Etat avec un autre, il confifte uniquement dans un échange perpetuel de marchandifes : qu'eft-ce que font, par exemple, les marchands de France, qui vendent en Angleterre, finon de recevoir en France, par le le moyen du Change, l'argent, que doivent aux Anglois d'autres marchands de France, qui achetent en Angleterre ? Quand la balance eft égale, il ne paffe point d'argent d'un Etat dans un autre, ce n'eft qu'un échange de billets ou de papier, ou s'il paffe de l'argent dans un mois, il repaffe en même quantité dans un autre mois ; fi la balance eft inegale, l'Etat qui fournit moins en marchandifes, fuplée le furplus en argent, qui eft entre comerçans une marchandife *de fuplément.*

6°. Delà il eft facile de conclure, que l'Angleterre prendra d'autant plus de marchandifes en France, qu'elle les y trouvera à bon marché, & par confequent, plus le total des marchandifes Françoifes paffera le total des marchandifes Angloifes, plus il paffera en France de marchandifes de fuplément, c'eft-à-dire d'argent ; donc l'inconvenient de la vilité du prix, qui vient de l'abondance, n'eft pas un inconvenient réel pour l'Etat, parce que ce qu'il perd par la vilité du prix, il le regagne, & au-delà par la quantité de la denrée.

OBJECTION IV.

Vous fupofez que l'Etat fera lontems dans la néceſſité de continuer à lever la Capitation, mais vous
ne le prouvez pas : ainſi il n'importe pas de la rendre proportionelle.

RÉPONSE.

Il n'eſt que trop vrai, que les dettes de l'Etat font
très-grandes, & qu'il eſt de la ſageſſe du Gouvernement de ſonger à rétablir le credit public : or on
ne peut jamais en venir à bout, qu'en faiſant tous
les ans pour des ſommes conſidérables de rembourſemens, ſur tout à l'égard des billets d'Etat, juſqu'à ce qu'ils valent en argent comptant dans le comerce la ſomme qu'ils contienent ; il y a même encore beaucoup de Charges ſuprimées à rembourſer.
Or, pour faire ces rembourſemens néceſſaires, on
ne ſauroit ſe paſſer de la Capitation pendant long-
tems.

OBJECTION V.

Tant que vous impoſerez la Taille en argent,
tant que vous ne la ferez point peyer en fruits de la
terre, comme propoſoit feu M. le Maréchal de
Vauban, il y aura un grand inconvénient ; c'eſt que
dans les années, où le bled, le vin & les autres denrées, ſont à vil prix, comme à un tiers moins cher
que l'année precédente, les Taillables feront ruinez ;
car, par exemple, un Taillable, pour peyer ſa côte

de cent francs, feroit forcé pour faire cette fomme, de vendre un tiers plus de bled ou de vin, que l'an-née precédente, ainfi il peyera un tiers plus de taille.

R E'P O N S E.

1o. C'eft l'abondance des denrées, qui en caufe la vilité; or pu'importe au Taillable d'être obligé de vendre un tiers plus de bled pour peyer fa taille, pourvû qu'il ait recueilli cette année-là un tiers plus de bled, que l'année précédente.

2o. La perception de la Dixme Royale de feu M. le Maréchal de Vauban, avoit de grans inconve-niens. 1o. Il eût falu l'afermer à l'argent; or les Seigneurs & les Curez s'en fuffent rendus ajudicatai-res fous des noms interpofez à la moitié de fa valeur, faute au Roi d'avoir des granges & des celliers pour ferrer les fruits dans chaque Paroiffe. 2o. Bâtir dans chaque Paroiffe une grange & une maifon pour le gardien, ç'eût été une dépenfe immenfe & des ré-parations infinies. 3o. Le peuple feroit bien moins de fcrupule de frauder la Dixme Royale, que la Dixme Ecclefiaftique. 4o. Les Fermiers de la Dixme, en cas de vilité du prix des denrées, feroient dans le même cas, que les Taillables d'aujourd'hui, ils fe-roient ruinez.

3o. Cette Dixme Royale n'eût été peyée que par les proprietaires des fonds, & non par les artifans & par les marchands, il eût toûjours falu une taxe par tête pour les biens d'induftrie, & l'auteur ne donoit pas les moyens fufifans pour la faire proportionelle; cependant il faut dire à la loüange du projet de feu

M. le Marêchal de Vauban, qu'il a comencé à nous ouvrir les yeux fur la néceffité & la poffibilité de lever les fubfides d'une maniere proportionelle moins onereufe pour le péuple, & moins pernicieufe pour le comerce : ce grand home, durant la guerre, n'étoit ocupé que de projets propres pour la continuer avec avantage, ou pour faire une paix glorieufe; durant la paix il ne s'ocupoit que de projets, qui tendoient à foulager le peuple, & à rendre le comerce floriffant.

4º. Comme les denrées peuvent tomber dans la vilité d'un tiers, elles peuvent monter jufqu'à la cherté d'un tiers; or le prix le plus ordinaire de l'eftimation des terres eft un prix mitoyen, de forte que fi pendant fix ans, il y a une anée de vilité d'un tiers, il puiffe y avoir une anée de cherté d'un tiers, ou deux anées de cherté d'un fixiéme : donc les unes pouvant recompenfer les autres, tous les Fermiers à prix d'argent, qui font leur marché à forfait, comptent fur ces fortes de diférences anuelles : or l'eftimation des Eftimateurs ne fera-t-elle pas faite fur le prix mitoyen, que valent les denrées anée comune ?

5º. Comme les Eftimateurs feront tous les ans l'eftimation des terres, il eft impoffible qu'ils n'ayent pas égard à la vilité ou à la cherté des denrées, lorfque cette vilité ou certe cherté paroîtront devoir fubfifter quelques anées ; ainfi ils garderont toûjours une proportion convenable, qui d'un côté empêchera les Taillables d'être ruinez, & qui fera peyer de l'autre à l'Etat des fubfides fufifans pour le foûtenir.

OBJECTION VI.

Le rétabliſſement des petits ports doneroit ocaſion à plus de fraudes ſur l'entrée des marchandiſes Etrangeres défenduës, ou fort chargées de droits, il faudroit multiplier les Receveurs de Doüanes & les Comis : ainſi la Ferme du Roi en diminuëroit, & les Fermiers demanderoient des dédomagemens.

RÉPONSE.

Il eſt vraiſemblable que la multiplication des ports & du comerce augmentera du moins autant le produit de la Ferme, qu'elle en augmentera la dépenſe : mais quand cela ne ſeroit pas, il ne faut jamais qu'une conſidération d'une perte, qui ne va pas à la milliéme partie de la Ferme, empêche que le comerce n'aporte un profit à l'Etat, qui iroit à cent fois, à trois cens fois plus loin pour les Sujets, que cette perte : c'eſt qu'alors le Roi regagne le double, le triple ſur d'autres droits, & profite toûjoûrs beaucoup du grand profit que font ſes Sujets.

Que le Roi, par exemple, prene le centiéme du profit, que feront ces negocians par cette augmentation de comerce, il gagnera trois fois plus, que ne ſe montera cette prétenduë diminution de la Ferme, & les particuliers, c'eſt-à-dire, l'Etat, fera un profit cent fois auſſi grand, que ſera le profit du Roi ; de ſorte que ſupoſant le comerce des ports taillables, rétabli au même état qu'il étoit il y a 80. ans, & que les Taillables y gagnent trente milllons de plus : le

centiéme du Roi fera cent mille écus, & le dédo-
magement fur la Ferme n'ira peut-être pas à vint
mille écus.

Il y a beaucoup d'ocafions, ou une petite perte du
Fermier empêche un grand profit pour le Roi &
pour l'Etat, un Confeil éclairé paffe pardeffus ces
petits interêts pour aler droit au grand interêt; les
Peages, par exemple, qu'il faudroit rembourfer par
des rentes Provinciales, font de grans empêche-
mens au comerce & de grandes fources de friponeries,& de vexations contre les comerçans; les Droits
d'entrée d'une Province dans l'autre, font encore
un plus méchant éfet que les Peages : ôtez ce nombre prodigieux d'obftacles & l'augmentation du comerce, qui de dificile & de contraint, deviendra
libre & aifé, produira bien-tôt au Roi par le centiéme de l'augmentation, qui fe fera dans la revenu de fes Sujets trois fois davantage, que ne mon-
teront ces rentes Provinciales pour lés peages, & les
dédomagemens que l'on fera aux Fermiers pour
l'extinction de ces Droits d'entrée de Province à Province.

OBJECTION. VII.

Vous fupofez que le revenu des Taillables eft environ cinq fois plus grand, que le produit prefent
de la Taille, & qu'en établiffant la proportion, aucun des Taillables ne fera furchargé de peyer un
centiéme de fon capital, ou le cinquiéme du revenu
de fon capital : mais vous ne fongez pas que le cinquiéme du revenu, ou le centiéme des capitaux,
eft un terrible impôt, il ne dure en Angleterre &

en

en Holande que pendant la guerre, cependant vous
le faites durer pendant la paix; d'ailleurs vous n'êtes
point du tout fûr, que le produit de la Taille ne
monte pas plus haut, que le cinquiéme du revenu
des capitaux : enfin, fi dans cinq ou fix ans il arive
une guerre, que ferez-vous à l'égard des Taillables.

R E' P O N S E.

1º. Le cinquiéme du revenu des terres dure encore
en Angleterre, comme le centiéme Denier dure encore en Holande : c'eft qu'ils ont des dettes qu'ils
veulent aquiter, & des dépenfes néceffaires où ils
veulent doner ordre, & ils ont encore beaucoup
d'autres impôts ordinaires auffi confidérables.

2º. Il eft vrai que je n'ai pas une fûreté fufifante,
que les 32. millions que le Roi demande aujour-
d'hui aux Taillables, ne foient pas réellement plus,
que le cinquiéme du revenu de leur bien, tant en
fonds, qu'en induftrie : mais en cas que la Taille
prefente paffe le cinquiéme, c'eft à la prudence du
Confeil à la diminuer pendant quelques années, fi
les befoins preffans de l'Etat le peuvent permettre ;
mais je ne bâtis rien fur cette fupofition, qui ne
puiffe fubfifter, quand elle ne feroit pas vraye.

3º. Si quelque puiffance Etrangere nous ataque,
le Confeil prendra alors les mefures les plus juftes,
pour avoir des fecours fufifans pour parvenir, par
une défenfe vigoureufe, à une paix avantageufe :
mais ce que je fai d'original par un Gentilhome Holandois, qui avoit, lui & fa femme, huit mille livres de rente en Holande ; c'eft qu'ils en ont peyé

K

quatre mille pendant presque toutes les années de la guerre, & cela sans le moindre murmure, parce que les peuples savoient que tout étoit employé pour leur défense.

4°. Comme, par l'établissement de la Taille proportionelle, les revenus des Taillables auront augmenté presque du double en sept ou huit ans, cette augmentation, qui se fera sentir tous les ans, & qui servira à faire des remboursemens des capitaux des dettes de l'Etat pendant la paix, sufira peut-être pour la dépense de la guerre ; & le pis aler, ce sera de mettre alors la Taille au quart du revenu des Taillables pendant la guerre, au lieu du cinquième.

5°. L'augmentation du comerce intérieur & extérieur augmentera de même considérablement le revenu des Exemts de la Taille, de sorte que si l'on supose, que la Capitation des non Nobles, après l'extinction du Dixième, monte au sixième des revenus de ces Capitables, & la Capitation des Nobles aux Dixième, leurs biens étant alors augmentez de plus d'un tiers, la Capitation montera alors à un tiers plus qu'elle ne monte, & sera cependant moins à charge aux Capitables, qu'elle n'est presentement, parce qu'ils seront éfectivement devenus un tiers plus riches.

7°. La derniere Ligue ofensive & défensive faite avec les Anglois & les Holandois, a cela d'avantageux : c'est qu'elle nous ôte pour Ennemis ceux qui pouvoient le plus diminuer nôtre comerce, & qu'elle nous done pour amis, ceux qui peuvent nous doner de plus grans secours pour terminer glorieusement & promtement la guerre ; tant qu'elle ne sera de

nôtre part que défenſive, & tandis que nous ne de-
manderons que l'exécution du Traité d'Utrecht,
& la conſervation de tous les Potentats dans l'état
où ils ſont à preſent, ce qui eſt la maxime fondamentale de la Regence, & qui doit être la maxime
principale de tout Roi de France, s'il eſt ou équitable ou ſenſé.

OBJECTION VIII.

Il ne faut pas eſperer que les Traitans ni tous les
les autres, qui auroient de l'argent à prêter au Roi
en tems de guerre, ſous l'eſperance d'être rembour-
ſez à la Paix, le lui prêtent jamais qu'à un denier
très-fort, & cela par le grand riſque qu'il y a à prêter au Roi, qui peut manquer de parole pour le rem-
bourſement, parce qu'il voudra peut-être détourner les deniers à ce deſtinez pour des bâtimens, &
pour d'autres dépenſes peu utiles, ſans ſe ſoucier
d'avoir le conſentement de ceux avec qui il a con-
tracté.

Celui, qui aura de l'argent à placer, aimera
cent fois mieux le prêter à un particulier ſans protection, mais qui a du bien pour en répondre; c'eſt
que pour le faire peyer au terme, & malgré lui, la
Loi prête ſon autorité à ſon creancier : mais nulle
autorité ne peut obliger le Roi à peyer ſes creanciers, & à leur tenir ſa promeſſe; & quoiqu'il ſoit
extrêmément de ſon interêt d'être exact dans ſes
promeſſes, il peut ne pas conoître aſſez cet interêt :
enfin l'exemple de la Caiſſe des Emprunts, & de
tant de creanciers, à qui le feu Roi avoit tant de

fois manqué de parole, dégoûtera toûjours les prêteurs, à moins que ce ne soit à une usure énorme,
qui croît à mesure, que croît le risque.

Les Anglois & les Holandois trouvent facilement
de l'argent à emprunter sur l'augmentation des subsides publics, parce que le Roi d'Angleterre ne sauroit détourner ces fonds sans le consentement du
Parlement ; ces emprunts ne sont point les dettes du
Roi, ce sont les dettes de la Nation, ainsi il n'y a
nulle risque à courre, & delà vient que l'interêt est
médiocre, & que la Nation trouve assez de prêteurs : si c'étoit les Etats Généraux de France, qui
empruntassent sur des fonds certains, & que les Receveurs de ces subsides rendissent compte, non aux
Ministres du Roi, mais à un Comité des Etats Généraux, de l'employ de ces subsides ; on trouveroit
en France encore plus de prêteurs, qu'en Angleterre & en Holande, & à un aussi bas interêt : mais
les Ministres, sur des inconvéniens où il y avoit des
remedes, ont toûjours éloigné les Rois de tenir des
Etats généraux tous les ans.

R E' P O N S E.

Il n'est pas impossible, que les Rois conoissant
leurs vrais interêts malgré la résistance de leurs Ministres, ne rétablissent en France le credit de la Nation
& le credit public, en rétablissant les Etats Généraux annuels, comme je l'ai déja dit, & j'espere que
je montrerai dans un Memoire les grans avantages,
qui en reviendroient à la Maison Royale.

2°. Indépendament de ces Etats Généraux, n'est-

il pas évident, que le Roi aura beaucoup plus de credit sur les revenus de l'Etat, & trouvera plus facilement des prêteurs & à moindre interêt, lorsque par
l'établissement de la proportion, il n'y aura plus
de non-valeurs dans ses revenus, causées par une disproportion arbitraire & injuste; lorsque par la bonne
administration des Finances, les revenus de l'Etat
seront de beaucoup augmentez, en augmentant les
revenus des Sujets; & lorsque, par le secours de
cette grande augmentation, le Regent aura fait
beaucoup de remboursemens des capitaux des dettes
de l'Etat : or c'est tout ce que j'ai voulu dire, &
n'est-ce pas toûjours un avantage très-réel & très-
grand.

OBJECTION IX.

Dans l'état present de la disproportion, il y a
dans chaque Paroisse quelques riches protégez, qui
à la verité ne peyent que très-peu de taille en comparaison des autres Taillables : mais ce sont ces riches protégez, *ces cocqs de Paroisses*, qui prêtent aux
pauvres Taillables les sommes dont ils ont besoin,
pour peyer à tems les Colecteurs, & aux Colecteurs,
pour peyer à tems les Receveurs, & ces prêts épargnent beaucoup de frais aux uns & aux autres ; or,
si vous établissez vôtre proportion, les riches peyant
beaucoup plus de taille, ne seront plus en volonté
ni en pouvoir, de secourir les Colecteurs ni les autres Taillables, donc il y aura beaucoup plus de
frais.

REPONSE.

1º. Ces *coqs de Paroiſſe* prêtent, j'en conviens : mais ſouvent c'eſt à uſure, moins onereuſe à la verité, que ne ſeroient les frais qu'ils épargnent, mais toûjours fort onereuſe.

2º. Pourquoi ces pauvres Taillables ſe trouvent-ils dans la néceſſité, ou de peyer des frais, ou d'emprunter à uſure, c'eſt qu'ils ſont ſurchargez ? Pourquoi *les cocqs de Paroiſſe* ſont-ils dans le pouvoir de prêter, c'eſt qu'ils ſont trop peu chargez, & qu'ils devroient porter ce que les autres portent de trop ? rétabliſſez la proportion, ce pauvre aura de quoi peyer facilement à tems ſans le ſecours du riche, & ſans rien emprunter, il s'épargnera les frais que lui font les Colecteurs, ou l'uſure qu'il peye pour les éviter.

3º. Dès que les pauvres Taillables auront de quoi peyer régulierement & à tems leur Taille, les Colecteurs peyez régulierement & à tems de tous les Taillables, peyeront régulierement & à tems le Receveur des Tailles ; ainſi ils n'auront plus de beſoin du ſecours des *cocqs de Paroiſſe*, pour éviter les frais de la part des Receveurs.

Ce beſoin de ſecours qu'avoient les pauvres Taillables & les Colecteurs, eſt donc un vrai mal, que cauſe la recomandation, la diſproportion, l'injuſtice, & le Conſeil y va rémedier, il va préſerver ces pauvres malheureux de cette miſere, en rendant la protection égale à tous les Taillables, & en établiſſant la juſtice & la proportion.

OBJECTIONS

Contre la seconde Partie.

OBJECTION X.

Par vôtre établissement des Préfidens des Eftimations, vous fupofez que l'on ait tous les ans befoin
d'eftimer les biens des Taillables de chaque Paroiffe:
mais ne pouroit-on pas favoir le nombre des arpens
de terre de chaque Paroiffe ? ne pouroit-on pas en
faire une eftimation durable & permanente, comme les cadaftres des Tailles réelles, en faifant des
claffes, de la meilleure, de la bonne, de la médiocre, des prez, des vignes, des bois, des maifons,
des moulins, &c ?

REPONSE.

1°. Sans doute que cette forte d'eftimation eft fai-
fable, mais fi elle n'eft entiere & exacte, fi elle devient fautive par les changemens perpetuels, qui
arivent à la valeur des biens, elle ne fera prefque
d'aucune autorité, & par confequent elle ne fera
prefque d'aucune utilité ; or pour la faire entiere &
exacte, il faudroit faire un plan exact du territoire
de chaque Paroiffe, il faudroit y marquer par des
points diférens la meilleure terre, la bonne, la
mediocre, il faudroit marquer ce que chacune con-
tient d'arpens, il faudroit auffi arpenter les vignes,
les bois, les prez, &c. Il feroit même néceffaire,

que dans un autre plan, les clôtures des héritages fuſſent marquées par chiffre avec le contien de chaque clos ; or cela demanderoit beaucoup de tems & de dépenſe : un arpenteur ne voudra point faire ainſi le plan d'une Paroiſſe de demie lieuë, diviſé par clos, pour cent francs ; il y a en France trente mille lieuës quarées ſur la ſuputation de feu M. le Maréchal de Vauban , ou ſix-vingt milles demie lieuës quarées , & il y en a plus des deux tiers en peïs d'Election , ainſi cela coûteroit plus de huit millions.

2º. Une eſtimation que l'on ne corigeroit point tous les ans, deviendroit très-fautive en peu d'années, parce que la valeur des terres varie à proportion de la culture, à proportion des engrais, à proportion du ſoin des clôtures, à proportion du prix du bled & des autres denrées, à proportion du nombre d'habitans dans la Paroiſſe , à proportion de l'augmentation ou de la diminution du comerce des Villes voiſines : cette valeur, pour une Paroiſſe voiſine d'une forêt , varie encore ſelon le nombre des loups ou des bêtes fauves ; d'ailleurs une maiſon eſt brûlée , un moulin ſe ruine, un autre s'établit ; ces ſortes de cauſes, de variation de valeur dans les revenus en terres , font, qu'en deux ou trois ans , en quatre ou cinq ans des terres mediocres , vaudront un tiers moins, & d'autres un tiers plus ; on voit donc que la Taille proportionelle répartie ſur une pareille eſtimation, ſeroit en peu de tems très-diſproportionelle, & que cette diſproportion ſeroit exceſſive en cinq ans, en dix ans, en quantité de lieux d'une même Généralité.

3º. Dans

3º. Dans une même Généralité, dont le principal revenu confiste dans le debit des denrées aux
Etrangers, comme les vins, les fels, les eaux de
vie, &c. La valeur des terres d'une Paroiffe diminuëra de moitié en tems de guerre, tandis que le
revenu de la terre d'une autre Paroiffe de cette Généralité ne foufrira aucune diminution, & même
augmentera : laiffera-t-on ce grand inconvénient
fans remede?

4º. Nôtre monoye de compte, de livre, fous &
deniers, va tous les jours en diminuant, & cette diminution eft de plus d'un quart en 50. ans, foit parce que les matieres des monoyes fe multiplient, foit
parce que les Princes, en tems dé guerre, font quelquefois forcez d'augmenter le prix des monoyes
courantes : le même poids d'or, qui valoit 10. livres
en 1640. valoit plus de 18. livres en 1715. les denrées
ont hauffé de prix à proportion, & les baux des terres hauffent à proportion du prix des denrées. Je fai
que dans ma Province, la même mefure de froment,
qui valoit 22. fous en 1610. en valoit 40. en 1662.
Or, fi l'on ne corigeoit pas de tems en tems l'eftimation des Cadaftres, il ariveroit que la Taille, qui feroit établie prefentement à peu près fur le pied du
cinquiéme du revenu des biens des Taillables, eftimez fur le pied de la monoye de compte, en demeurant, par exemple, à 30. millions, ne produiroit
pas plus dans cent ans en denrées, que ce que pro-
duifent aujourd'huy 15. millions. Les particuliers
remedient aifément à cet inconvénient par le re-
nouvellement de leurs baux, parce qu'ils fuivent,
en baillant leurs terres à ferme, le prix des denrées,

L

fans avoir égard à la monoye de compte; or, pourquoi le Roi ne fe ferviroit-il pas du même remede,
en faifant, ou tous les ans ou tous les deux ans,
quelque changement aux eftimations précéden-
tes ?

5°. Si vous voulez faire cette eftimation fans ar-
pentement, fans déclarations des propriétaires, fans
vérifier ces déclarations en prefence d'Eftimateurs,
fans punition pour les fauffetez des déclarans, fans
voir les contrats & les baux, mais feulement fur les
réponfes de quelques habitans, qui n'auront rien à
craindre en diminuant le nombre des arpens, & le
prix de chaque arpent; pour favorifer leur Paroiffe,
cette eftimation fera infiniment fautive & préjudiciable aux interêts du Roi & de l'Etat. Je fuis per-
fuadé que les eftimations faites, avec les précautions
que je propofe, feront encore fujetes à beaucoup de
méprifes & d'erreur, qui ne pouront fe coriger que
par les eftimations fubfequentes : or que feroit-ce
d'une eftimation faite fans toutes ces précautions,
& qui ne devroit point être corigée par des eftimations fubfequentes, faites par de nouveaux Préfidens ou par de nouveaux Comiffaires.

Or, dès que cette forte d'eftimation n'eft point
exacte, dès qu'elle devient néceffairement en peu
d'anées par tant d'accidens anuels, fi fautive,
elle devient prefque inutile; il eft donc abfolument
néceffaire d'avoir recours aux eftimations anuelles, pour s'acomoder aux accidens anuels, aux
variations anuelles.

6°. Il y a une autre raifon qui eft décifive, c'eft
que les biens d'induftrie montent à deux fois plus,

que les revenus des fonds de terre ; or ces biens
font fujets à des variations perpetuelles, à caufe des
diférens comerces, des diférens emplois, & de la
mort des habitans : il eft certain, par exemple, que
de cent quatre chefs de famille, il en meurt quatre tous les ans anée comune ; or quel défordre
dans ces quatre familles, qui fubfiftoient de ces
biens d'induftrie : d'ailleurs il arive des fucceffions,
l'un fort d'employ, l'autre y rentre ; l'un fait en
deux ou trois ans un gain confidérable, tandis que
fon voifin fait une perte confidérable dans un autre comerce ; l'un vieillit, l'autre fe fortifie ; les
caufes de ces variations font perpétuelles & prefque
infinies, il faut donc tous les ans de nouvelles eftimations pour les biens d'induftrie, autrement il y
auroit tous les ans une grande difproportion dans
les eftimations de ces fortes de biens, on ne doit ni
les laiffer fans les coriger, ni les abandoner à la co-
rection des Colecteurs, à moins que de vouloir
faire rentrer les chofes dans l'horible cahos de l'impofition arbitraire & difproportionelle.

Or, dès que l'Etat eft forcé de veiller à faire
tous les ans ces corections d'eftimation des biens
d'induftrie par des Eftimateurs, & fous les yeux
d'un home de probité & d'autorité qui les préfide :
pourquoi ce même home & ces mêmes Eftimateurs
ne feroient-ils pas de même les corections d'eftimation des biens en fonds de terre, lorfque le revenu
en eft augmenté ou diminué d'un tiers, d'un quart,
ou même d'un cinquiéme.

OBJECTION XI.

Le plus grand moyen de conoître avec exactitude les diférens biens d'un particulier, c'eſt ſa déclaration en détail ; or s'il n'y a nulle peine pour çeux, qui y cacheront, ou qui y déguiſeront conſidérablement la verité, ces déclarations ſeront toutes fauſſes : & ſi le Roi ordone des peines, qui eſt-ce qui fera executer ſes Ordonances ?

REPONSE.

Le déclarant peut faire dans ſa déclaration deux ſortes de menſonges. La premiere, c'eſt d'ometre quelque partie de ſon bien, ou de ſupoſer qu'il doit ce qu'il ne doit point. La ſeconde, c'eſt d'eſtimer trop peu chaque partie de ſon bien : quant au premier menſonge, on peut y rémedier par une punition fufiſante, on peut ordoner que toute omiſſion ou toute ſupoſition, qui montera au centiéme du revenu du déclarant, pourvû qu'elle ſoit au moins de cent ſous de revenu, ſera puniſſable, & que le délinquant perdra cinq années du revenu de la choſe omiſe, ou de la valeur de la dette ſupoſée, & que ces cinq ans de revenu iront au profit de la Paroiſſe, où le Taillable eſt demeurant.

A l'égard du menſonge ſur l'eſtimation des biens, il y a deux conſidérations à faire. La premiere regarde le nombre d'acres, d'arpens, de Vergées & autres ſortes de meſures ; ſi la fauſſeté va à un quart en ſus de moins ſur chaque piece de terre, le délinquant perdra le revenu de ce quart en fus ou de ce cinquiéme, pendant cinq ans, & le revenu ira au profit de la Paroiſſe, où ce bien ſera ſitué. L'autre choſe à conſiderer, c'eſt l'eſtimation de la valeur anuelle : anée comune de chaque piece de terre, qui n'eſt point afermée à prix d'argent ; ſi elle eſt jugée par les Eſtimateurs la moitié plus foible qu'elle ne doit être, la Paroiſſe poura la prendre à Ferme pour cinq ans au prix du déclarant, & ſoufermer cet héritage à un Fermier, qui en rendra le profit, ou l'excedent à la Paroiſſe pendant cinq ans.

À l'Egard des biens afermez à prix d'argent, les Eſtimateurs ſuivront le prix des baux, à moins qu'ils ne découvriſſent une contre-lettre, par laquelle le Fermier peyeroit au propriétaire plus, que ce qui eſt porté par le bail, auquel cas le ſurplus du prix porté par la contre-lettre, tournera pendant cinq ans au profit de la Paroiſſe, où les biens ſont ſituez : *on poura ſur tout cela former quelques articles de reglement* : or, comme cette punition retournera au profit des autres Taillables, & par conſéquent des Eſtimateurs eux-mêmes, ils feront aſſez intereſſez à ſolliciter la punition des menſonges puniſſables, pour faire croire qu'il s'en trouvera fort peu dans les déclarations.

OBJECTION XI.

Si vous n'obligez les déclarans à aporter le jour de l'eſtimation, leurs contrats, leurs baux & autres piéces juſtificatives de leurs déclarations, les Eſti-

mateurs feront fouvent très-embaraffez à former
leur Jugement fur l'eftimation du bien de chacun
des Taillables, fur tout lorfque quelqu'un des Eftimateurs croira avoir des conoiffances contraires à
certains articles de la déclaration.

RE'PONSE.

Comme chaque Taillable craindra que l'eftimation de fon bien ne foit portée par les Eftimateurs
plus haut, que l'eftimation de fa déclaration ; il
portera volontiers les Actes juftificatifs de cette déclaration, ou bien il en chargera quelqu'un des Eftimateurs, à qui il aura pris foin d'en juftifier la
verité, & qui fera, pour ainfi dire, le Raporteur
de fon afaire à l'affemblée.

OBJECTION XIII.

Dès que le Confeil veut établir la proportion entre les Taillables d'une même Paroiffe, il eft aifé à
tout le monde de voir que fon deffein eft d'établir
cette même proportion entre chaque Paroiffe, &
qu'ainfi il eft de l'interêt de chaque Paroiffe d'eftimer le moins qu'elle poura le revenu total des Taillables ; or ne peut-il pas y avoir un complot entre
tous les Paroiffiens, foit déclarans, foit Eftimateurs,
pour eftimer les biens taillables à un tiers, à un
quart moins, qu'ils ne valent, afin que montrant
ainfi que leur Paroiffe eft chargée cette année d'un
tiers, d'un quart plus, qu'elle ne devroit être par
comparaifon aux Paroiffes voifines, elle foit dé-

chargée d'un tiers, d'un quart de fon impôt l'anée
fuivante : or, coment le Préfident poura-t-il s'aper-
cevoir d'un pareil complot, puifque toutes les déclarations feront donées fur le même pied, fur la
même proportion, & que les Eftimateurs fe feront
doné le mot ?

R E P O N S E.

1º. Le complot, à moins qu'il ne foit général,
feroit trop facile à découvrir par ceux qui n'en feroient pas, & qui feroient fort intereffez à fe plaindre, de ce qu'on eftime trop leurs héritages par
comparaifon à l'héritage de leurs voifins ; & fi le
complot étoit général, il feroit encore plus facile à
découvrir. Un fecret confié à tous les homes, paffe
aux femmes, il paffe d'une Paroiffe à l'autre, & ne
peut plus être un fecret ; & les Paroiffes voifines
voyant que la fraude de la Paroiffe trompeufe re-
tomberoit fur celles qui y procedent de bonne foi,
découvriroient le complot, finon dans l'anée prefente, au moins dans l'anée fuivante, afin de faire
punir la trompeufe, & de profiter de fa punition ;
car on pouroit ordoner, que la Paroiffe, qui découvriroit le
complot de fa voifine, profiteroit de la punition de la trom-
peufe.

2º. Il y a dans chaque Paroiffe une moitié de
Taillables, dont le revenu, ou prefque tout le revenu ne confifte que dans les métiers ; or, fi d'un
côté ces gens de métier métoient leur gain à un
quart moins, que les gens de même métier de la
Paroiffe voifine, le Préfident & fon Greffier s'en

aperceveroient bien-tôt, cela les jêteroit dans le soupçon; ainsi ils voudroient voir les terres, les contrats de vente, les baux, & découvriroient bien-tôt la fraude : cependant, si ces gens de métier ne font du complot avec ceux qui ont leur revenu en terres, ils le découvriront; parce que sans cela, les biens en fonds étant estimez au-dessous de la verité, il se trouveroit que les biens d'industrie porteroient une partie de ce que les biens en fonds devroient porter.

3°. Comme un pareil complot feroit non seulement une défobéiffance, mais encore une infidélité envers l'Etat, on pouroit statuer punition des Galeres, & confiscation des biens contre les quatre principaux Auteurs ; on pouroit statuer augmentation du double de taille contre les autres complices, & exemption de dix années de taille en faveur de ceux, qui auroient dénoncé & découvert le complot : or avec pareil reglement, il n'y auroit jamais de complot général à craindre ; & dès qu'il n'y auroit point de complot général à craindre, chacun fera interessé à faire en forte, que le bien de ses voisins soit estimé tout au plus haut qu'il peut l'être, afin que le sien soit déchargé d'autant : *on peut de ceci former un article important.*

4°. Le Président des estimations peut voir lui-même par ses yeux avec des Estimateurs des Paroiffes voisines, des échantillons des fonds de diférente nature dans la Paroiffe suspecte, depuis 25. sols l'arpent, jusqu'à 25. liv. pour juger si les Estimateurs ne lui en impofent point ; d'ailleurs il lui sera bien aisé de remedier à la fraude : s'il en trouve, il n'aura qu'à

la

la découvrir à l'Intendant, qui n'aura qu'à metre la Taille de cette Paroisse à un taux plus haut.

5°. Comme les Présidens des estimations changeront tous les ans de Département, le successeur poura par plus de fermeté & d'atention rectifier les fautes, que son prédécesseur auroit pû faire, ou par trop d'indulgence, ou par inatention ; ainsi l'inconvénient du complot n'est pas considérable , & les remedes en sont faciles.

OBJECTION XIV.

Il semble que pour les Estimateurs, vous ne vouliez que des Taillables : mais il y a souvent dans dans les Paroisses des Curez, des Gentilshomes & autres exemts, qui sont gens de probité , & très-instruits des biens des Taillables , qui ne feroient que doner du poids aux Jugemens.

REPONSE.

Il me paroît juste de laisser aux habitans liberté entiere de choisir leurs Juges , & de se faire ainsi juger par leurs pareils ; d'ailleurs les exemts , en contredisant souvent le Président , pouroient afoiblir son autorité, ils pouroient avoir des predilections , ils pouroient diminuer la liberté des Estimateurs ; enfin les Taillables sont plus intéressez à estimer haut l'héritage de chacun des autres Taillables, que ne sont les exemts.

OBJECTION XV.

Si le choix des Préfidens fe fait par l'Intendant, comme il ne peut pas conoître les fujets par lui-même, il fera fouvent trompé, & tout fe fera, comme on dit, par compere & par comere, c'eft à dire, par la malheureufe voye des recomandations ; or, fi les fripons, où les caracteres trop faciles & fans fermeté ont entrée dans ces places, ils y feront beaucoup de mal.

REPÓNSE.

L'Intendant, par ordre du Roi, peut affembler la Nobleffe dans chaque Ville de l'Election ; & pour éviter le trop grand nombre des Gentilsho-mes, il peut ne convoquer que les Gentilshomes de 200. liv. de Capitation & au-deffus, & leur laiffer choifir les fujets à la pluralité ; l'Intendant fe ré-ferveroit le droit d'exclure un fujet, s'il l'en jugeoit incapable, & nomé par des voyes irrégulieres ; & faire proceder à une nouvelle Election, il fera ve-nir les Comiffions de la Cour : or de cette maniere, on auroit toûjours pour Préfidens des gens de bonne réputation. *On peut former de ceci un article de regle-ment.*

OBJECTION XVI.

Si le Roi n'atache à ces Comiffions que peu d'apointemens fans aucune autre prérogative, il ne fe préfentera pour les remplir, que de petits Gen-

tilshomes de peu d'autorité, cependant l'autorité
eſt importante au bien de l'Etat dans ces places; &
ſi le Roi y atache de gros apointemens, ils ſeront
par leur multitude fort onereux à l'Etat, & ces places ſeront trop briguées.

R E' P O N S E.

1°. En ne leur acordant que des apointemens mediocres, on peut leur doner ſeance dans les Elections immédiatement après le premier Préſident,
& leur acorder encore quelque diſtinction dans les
Egliſes, & n'en point recevoir, qui n'euſſent mille
écus de rente. *On peut de ceci former un article de reglement.*

2°. Comme ils pouront être continuez pluſieurs
fois par Election pendant ſix ans, pendant neuf
ans, il ſeroit à propos que ceux, dont on auroit
été ſi lontems content, euſſent quelque marque
d'honneur; on poura, par exemple, dans la ſuite
rembourſer les Charges de Préſident dans chaque
Election, & y ſubſtituer pour trois ans un de ces
Préſidens des eſtimations, il faut viſer à diminuer
la vénalité des Charges, il faut faire en ſorte, pour
le bien public, que l'Etat traite mieux celui, qui
travaille beaucoup & plus utilement, que celui qui
travaille peu & peu utilement; il faut faire enſorte
que tout home employé, cherche à ſe diſtinguer entre ſes pareils par ſon travail & par ſes découvertes,
ainſi il faut qu'il en puiſſe eſperer la recompenſe.

3°. Come le Préſident des eſtimations poura un
jour regler avec les Eſtimateurs de chaque Pa-

roiſſe la valeur annuelle des biens, dont joüiſſent par leurs mains les Gentilshomes & les autres Exemts à l'Ocaſion de la Capitation proportionelle ; & que ce ſera à lui à vérifier la verité de leurs déclarations ; il aura beaucoup de conſidération dans le canton, & cette conſidération ſufira pout faire déſirer l'emploi par beaucoup de Gentilshomes de merite & de diſtinction.

OBJECTION. XVII.

Si ces Préſidens des eſtimations ne ſont pas amovibles au bout de trois ans, s'ils ne changent pas tous les ans de département, s'ils n'ont point à craindre qu'on faſſe des plaintes à leur Succeſſeur, ils ſe coromront bien-tôt, & ne feront leur devoir qu'avec beaucoup de négligence.

REPONSE.

Rien n'empêche qu'il ne ſoit ſtatué, qu'ils ne pouront exercer leur fonction que trois ans, qu'ils circuleront tous les ans dans leurs diférens départemens, & que s'ils ſont continuez, ce ſera par nouvelle Election ; & dans un nouveau département, l'Intendant poura même les faire circuler dans les Elections voiſines. *On peut en former un article de reglemeent.*

OBJECTION XVIII.

Si quelqu'un des Préſidens tombe malade dans le tems de ſon travail, qui eſt-ce qui y ſupléra.

RÉPONSE.

Les Gentilshomes Electeurs peuvent défigner un Gentilhome pour fuccéder au premier emploi vacant, & pour fupléer aux malades. *On peut former un article de reglement.*

OBJECTION XIX.

L'opofition, que feront dans chaque Paroiffe, à cet établiffement les Taillables protégez, fera d'autant plus confidérable, qu'ils tâcheront d'empêcher les autres de convoquer l'affemblée pour élire les Eftimateurs.

RÉPONSE.

10. Ceux d'entre les protégez, qui auront bon efprit, verront bien-tôt, que cet établiffement fera pour eux & pour leurs enfans beaucoup plus avantageux, que défavantageux.

En ce que dans le fyftême de la protection & de la difproportion, ils font en danger d'être ruinez par la nature de la difproportion, fi la protection vient à leur manquer, au lieu qu'ils auroient fûreté pour eux & pour leurs enfans, que la Taille proportionée ne les ruinera jamais.

En ce qu'ils font dans la néceffité de laiffer une partie de leur argent en non-valeur, en le cachant & le tirant hors du comerce.

En ce qu'ils font obligez d'acheter en plufieurs manieres plufieurs fortes de protections, au lieu qu'étant tous également protégez par la Juftice du Reglement, & par l'autorité publique, ils ne dépenferont rien pour acheter des protections & des protecteurs.

En ce qu'ils auront beaucoup moins de procès à craindre & à foûtenir.

En ce qu'ils auront moins d'ennemis dans la Paroiffe, & par confequent plus de comerce avec les habitans, & plus de fecours mutuels à en atendre.

En ce qu'ils ne feront plus fujets aux grandes pertés, qui fe font dans la colecte des deniers, puifqu'ils n'y aura plus de mauvais deniers.

En ce qu'ils ne feront plus forcez ni eux ni leurs enfans, de chercher d'azyle dans les Villes exemtes, & de perdre ainfi les fruits de leur travail, & de la conoiffance qu'ils ont aquife du comerce de la campagne.

2°. Le nombre des non-protégez, qui doivent être extrêmement foulagez de cette proportion, eft dix fois, vingt fois plus grand, que le nombre des protégez; ainfi ceux-ci feroient en vain des eforts pour s'opofer à cet établiffement.

Le Préfident alant dans la Paroiffe, qui n'auroit point voulu élire d'Eftimateurs, verôit bien-tôt entre les riches, qui feroient les plus mutins & les plus féditieux, il en écriroit à l'Intendant, qui pouroit en envoyer quelques-uns en prifon, & faire informer contre eux, comme rebelles aux Ordres du Roi, & comme féditieux : or le moindre exemple éloigneroit toute mutinerie, & préviendroit toute défobéiffance; il eft fûr même, que pendant que le Préfident travailleroit à faire les eftimations des Paroiffes voifines, la Paroiffe rebelle reviendroit prontement à fon devoir, de peur d'être punie. *On peut former un article de reglement*, pour informer contre ceux, qui auroient conseillé de ne point élire d'Estimateurs, & de ne point obéir au reglement.

4°. Les Curez, outre l'interêt public, ont encore un grand interêt particulier à contribuer à cet établissement. 1°. Les terres étant un quart, un tiers mieux cultivées, raporteront un quart, un tiers plus de bled, de vin, de lin, de chanvre, &c. Il y aura un quart plus de laine, d'agneaux, &c. 2°. Le nombre des pauvres de leur Paroisse diminuera des trois quarts, & c'est une grande charge de moins pour beaucoup de Curez; on ne peut donc pas douter qu'ils ne s'employent de tout leur cœur à faire valoir les bonnes raisons du Conseil, & à dissiper les assemblées & les éforts des Taillables, qui voudroient s'oposer à l'execution du reglement : or on sait que les Curez & leurs Prêtres ont ordinairement assez de credit parmi leurs Paroissiens ; les mécontens craindront même d'être dénoncez au Président par leur Curé, s'ils faisoient quelques démarches contraires au bien de la Paroisse. Et comme j'ai montré que la plûpart des Gentilshomes qui résident dans la campagne, étoient fort interessez à cet établissement; on ne peut pas douter qu'ils ne conspirent utilement avec les Curez, pour persuader aux Taillables même la grande utilité qu'ils en retireront, & pour éloigner de leurs Paroisses tout esprit de mutinerie & de désobéissance.

OBJECTION XX.

Les opositions qui naîtront, soit de la part des

Juges des Elections & des Cours des Aydes, foit de la part des Receveurs des Tailles, feront encore plus confidérables.

R E' P O N S E.

1°. Ils ne s'opoferont pas ouvertement à un établiffement, qui paroît à tout le monde fi avantageux pour l'Etat.

2°. Plus il y a de lumieres parmi eux, plus facilement ils verront que les avantages de l'Etat réjailliront fur eux, *particulierement fi l'on publie, & s'ils peuvent lire quelqué bon memoire fur les avantages de la Taille proportionelle avec les Réponfes aux Objectiqns.*

3°. La plûpart d'entr'eux ne content pas que leurs enfans leur fuccedent dans les mêmes charges ; or ceux-là ne verront-ils pas qu'ils ne perdront rien, que leurs enfans ne retrouvent avec ufure? & éfectivement ils verront que les Fermiers de leurs enfans, pour n'être plus ruinez par la Taille, n'auront plus befoin que de la protection publique, & de la pratique univerfelle & perpetuelle de la proportion.

4°. Des Juges, qui fouhaitent la multiplication des procès, & qui veulent qu'un malheureux perde vingt écus, afin qu'ils puiffent en gagner un, ne font-ce pas des gens indignes d'être Juges ?

5°. A l'égard des Receveurs des Tailles, s'ils font honêtes gens, ils ne fongeront pas à s'enrichir par des frais ; fi ce font des fripons, on ne doit pas craindre de leur ôter les moyens d'exercer leurs friponeries.

OBJECTION

OBJECTION XXI.

Vous conſtituez l'Etat dans une grande dépenſe par ces Comiſſions de Préſidens des Eſtimations ; car enfin, ſupoſons cent déclarations dans chaque Paroiſſe, le fort portant le foible, la Préſident ne ſauroit vérifier toutes ces déclarations, & fixer l'eſtimation de chacune en moins de trois jours, à travailler ſix heures par jour ; ainſi en voilà pour cinq mois, ou 150. jours de travail pour regler les Eſtimations de 50. Paroiſſes : ſi l'on ſupoſe dix livres par jour de travail, c'eſt 150. piſtoles.

Chaque Election, le fort portant le foible, eſt de 150. Paroiſſes, c'eſt donc 4500. livres par Election ; il faut un Greffier pour chacun des Préſidens, ce Greffier aura un écu par jour pour recevoir gratis les déclarations, & aſſiſter à la confection des Rolles des Eſtimations, c'eſt 150. écus ou 450. liv. c'eſt donc environ 2000. livres pour chaque Département de Préſident, c'eſt donc 6000. liv. par Election ; & comme il y a 264. Elections, c'eſt 1584000. liv. ce qui eſt une dépenſe nouvelle & fort onereuſe, qu'il faudra prendre encore ſur les Taillables, qui ſont déja fort chargez.

Nota. Dans les Généralitez de Caën & d'Alençon, chaque Election, le fort portant le foible, eſt de 138. Paroiſſes taillables ; dans l'Election de Valogne, chaque Paroiſſe, le fort portant le foible, a 113. feux ; cette ſuputation eſt fondée ſur le dénombrement des feux, des Paroiſſes, des Elections & des Généralitez, imprimé en 1709. *chés Saugrin.*

RE'PONSE.

1°. Quand , pour la regie d'une Terre , on propose une dépense nouvelle, abfolument néceffaire pour en doubler le revenu en cinq ou fix ans, & que cette dépenfe nouvelle ne va pas à la dixiéme , à la vintiéme partie du revenu nouveau qu'elle doit produire ; loin que cette dépenfe puiffe être regardée comme onereufe , elle devient au contraire très-défirable & très-avantageufe : or nous avons demontré dans le premier Chapitre, que les Taillables gagneroient deux fois, trois fois plus, que ce qu'ils peyent de Taille , fi l'on trouvoit le moyen de rendre enfin l'Impofition proportionelle : donc les frais des Préfidens & de leurs Greffiers , qui aporteront un fi grand profit , ne feront que des avances très-profitables.

2°. Les Elûs anciens , qui aloient dans les Paroiffes pour faire la répartition proportionelle , n'étoient-ils pas regardez comme des Oficiers néceffaires ? N'étoient-ils pas péyez fur le produit de la Taille même ? Le Roy , ou plûtôt fes Sujets, ne peyent-ils pas les Gardes du Sel, comme Officiers néceffaires, pour lever le fubfide ?

3°. Cette nouvelle forme poura faire retrancher des Huiffiers des Tailles , & autres Oficiers de l'Election, qu'il faut que le Roy peye aux dépens des Taillables.

4°. Quand on ne confidéreroit que la feule diminution des frais, que font préfentement les Receveurs des Tailles : eft-ce que cette diminution n'ira pas à plus de fix mille francs, année comune pour chaque Election?

5°. Eft-ce que la feule diminution des Procès dans chaque Election n'ira pas à plus de fix mille francs : que coûteront ces Préfidens & leurs Greffiers, qui étouferont tous ces procès dans leurs fources ?

6°. Le Lecteur peut parcourir tous les autres avantages que j'ai marqué, qui reviendroient au Roi & aux Taillables de l'établiffement de ces Préfidens.

7°. Si le Confeil a deffein de diminuer la Taille de trois millions, il peut ne la diminuer que de la moitié de cette fomme, pour referver ce que coûteront ces Préfidens & les Greffiers de chaque Préfidence, ainfi cet établiffement ne paroîtra point une impofition nouvelle.

8°. Il y a tous les ans une diminution, que fait le Roi aux Receveurs des Tailles, à caufe des mauvais deniers ; or il n'y en aura plus dès la premiere année ; cependant cette diminution monte à un quinziéme, à un dixiéme, & les gages de ces Oficiers ne montent pas au vintiéme.

9°. Le Roi fera tous les ans un fonds très-confidérable pour faire des rembourfemens de capitaux, dont l'interêt n'eft qu'au denier dix, douze, quinze, vingt, vingt-cinq, tant afin de rétablir fon credit, que pour aquiter peu à peu l'Etat ; or ne peut-il pas retarder d'un an un rembourfement de 1580000. liv. pour faire un établiffement, qui en moins de fix ans doubleroit le revenu des Taillables, & par conféquent le produit de la Taille même.

10°. Nous avons montré que le Roi, en chan-
geant, la forme des subsides de l'Etat, en diminuant d'un côté les trois quarts des Droits des Aydes, & en percevant de l'autre, sous le nom de Taille
& de Capitation, les 32. millions que les Fermiers
Généraux perçoivent presentement sous le nom de
Gabelle, il augmenteroit son revenu de plus de
quatre millions, en augmentant considérablement
le revenu de ses Sujets ; or cette augmentation de
son revenu sera trois fois aussi forte, que les gages de ces Présidens.

OBJECTION XXII.

On peut bien estimer à peu près la valeur annuelle d'une terre ; on peut même estimer la valeur des marchandises, afin d'en prendre le centiéme denier : mais il n'est pas facile d'estimer le
gain d'un ouvrier ; ainsi vôtre estimation, sur les
biens d'industrie, sera purement arbitraire, *faute de
point fixe* dans l'imposition de la Taille.

REPONSE.

1°. On peut savoir à peu près ce qu'un ouvrier
gagne par an année comune ; or, si on supose que
les biens en fonds de terre de la Paroisse, sont taxez
pour la Taille au cinquiéme du revenu de ces fonds,
ce cinquiéme sera regardé comme *point fixe* sur ce
pied-là ; s'il gagne 300. liv. il peyera le cinquiéme
du revenu, que peut produire le capital de 300. liv.
qui produiroient 15. liv. par an au denier vingt,

dont le cinquiéme eſt 3. liv. ou bien ce qui revient au même, il peyera le centiéme de cent écus, c'eſt à dire, un écu ; les marchandiſes du Marchand ou du Comiſſionaire, qui exiſtent dans la Paroiſſe , peuvent s'eſtimer à peu de choſe près , s'il en a pour 3000. liv. il peyera le centiéme qui eſt 30. liv. & ſi ce que gagne un ouvrier par an, eſt eſtimé 100. liv. il ne peyera que vingt ſoûs.

2°. Il eſt bien certain qu'il faut des Arbitres pour eſtimer ces biens , & en ce ſens l'eſtimation en ſera arbitraire , mais elle ſera réguliére , & faite avec des lumieres ſufiſantes ; parce que ce ſont onze Arbitres, qui écoutent le Taillable , & qui ne jugent qu'après avoir vû les lieux & les titres : or les Parlemens eux-mêmes ne ſont-ils pas forcez de juger en dernier reſſort ſur le raport & l'eſtimation d'Eſtimateurs , qui ſont en moindre nombre , & qui ont moins de lumieres , que iceux ci.

OBJECTION XXIII.

Vos Préſidens des Eſtimations ſont-ce d'autres homes, que ces premiers Elûs, qui ſont devenus peu à peu des homes fort corompus ? devons-nous attendre autre choſe de l'avenir , que ce que nous avons vû par le paſſé ?

REPONSE.

Si originairement ces Elûs avoient été élûs par la Nobleſſe , s'ils avoient changé de Département tous les ans, s'ils n'avoient jugé la valeur des biens qu'à la pluralité des voix, & en la préfence de dix témoins, de dix Juges bien inftruits de la valeur des biens des Taillables, ce qui eft la feule chofe, que ces Préfidens ayent à juger ; & fi malgré tout cela, ils avoient fait des impofitions très-difproportionées, vous auriez raifon de ne rien efperer de l'établiffement préfent : mais, 1°. La voye de l'Election fera, qu'ils feront la plûpart gens de probité, & que tous en auront la réputation ; or la politique ne fauroit aler plus loin, que ceux, qui paffent pour avoir plus de probité & de capacité, foient préférez pour les emplois publics, & choifis par les plus habiles conoiffeurs. 2°. Ils auront dix témoins très-clairs-voyans fur chaque déclaration, qui fera à vérifier & à juger, ainfi ils n'oferont doner leur avis contre la Juftice, de peur d'être deshonorez. 3°. Quand ils doneroient quelquefois leur avis contre la Juftice, ils ne feroient que peu ou point de mal, puifque le Jugement paffera à l'avis de la pluralité des Eftimateurs. 4°. Ayant pour Juges leurs Succeffeurs l'année fuivante, ils n'oferont faire d'injuftices évidentes. 5°. Ayant interêt d'être continuez par Election nouvelle, ils auront interêt de fe faire par tout une réputation d'une juftice exacte & d'une probité fcrupuleufe : or ne fommes-nous pas en droit, lorfque nous aurons de bons reglemens nouveaux, & plus parfaits que les précédens, d'en attendre pour l'avenir de meilleurs effets, que ceux que nous ont procuré par le paffé des reglemens très-imparfaits ?

OBJECTION XXIV.

Le Marchand, le Manufacturier, qui a 3000. livres dans le comerce, ne peyeroit pas plus, que le Laboureur qui a un fonds de 3000. livres, qui ne lui raporte que 150. livres de rente; cependant tout le monde fait que ce Marchand, ce Manufacturier, avec ces 3000. livres de Marchandifes, gagne plus de 300. liv. année comune, on devroit donc taxer le Marchand, qui a 3000. liv. en marchandifes, non à 30. liv. mais à 60. liv, lorfque la Taille eft au cinquiéme du revenu des Taillables.

REPONSE.

1o. Il faut bien fe garder de demander au Manufacturier, au Marchand, plus qu'au Laboureur : c'eft qu'en les traitant également, on leur laiffe pleine liberté d'avoir leur bien en fonds ou en comerce, & alors le défir du gain pouffe plus de Taillables au comerce, qu'au labourage : or dans le comerce, l'efprit, l'induftrie & le travail, aportent plus de profit, que dans le labourage : ainfi il vaut mieux pour l'Etat qn'il y ait plus de Taillables, qui faffent valoir leur argent le double par le comerce, que s'ils ne le faifoient valoir que le fimple par le labourage.

2o. Il n'y a pas à craindre, qu'il y ait trop peu de Laboureurs, c'eft qu'alors leurs denrées deviendroient plus rares, & ils gagneroient trop en vendant trop cher ces denrées, qui leur feroit deman-

mandées par trop de Marchands, ce qui détermi-
neroit alors plus de gens à quiter le comerce pour
fe jetter dans le labourage, come plus lucratif que
le comerce; ainfi en laiffant par un traitement égal
pleine liberté à chacun de choifir fa profeffion, il
fe fera une balance égale dans l'Etat entre les profeffions lucratives pour les particuliers, & utiles
pour l'Etat, de forte qu'il y aura toûjours à peu
près autant de Marchands & de Laboureurs, que
l'Etat peut fouhaiter, pour faire valoir autant qu'il
eft poffible, & les biens en fonds, & les biens d'induftrie.

3. Plus le Marchand fera de comerce interieur &
exterieur, plus il fera valoir les denrées du Laboureur.

4°. Le Marchand tire à la verité plus d'interêt &
de profit de fes 3000. livres, que le Laboureur
des fiens : mais le Marchand, fur tout le Marchand
maritime rifque beaucoup davantage ; or il n'eft
pas jufte que celui, qui rifque plus, puiffe faire un
plus grand profit, que celui qui rifque moins.

5. Les Holandois, qui favent combien le comerce, & fur tout le comerce de mer, eft plus
avantageux aux particuliers & à l'Etat, que le labourage, & qui veulent encourager tout le monde
à metre plûtôt leur argent en comerce, qu'en fonds
de terre, n'ont garde de demander le cinquiéme
du revenu, mais ils demandent le centiéme du bien
de chacun, & de cette maniere ils trouvent le
moyen d'engager un plus grand nombre de leurs
Sujets à employer leur travail & leur induftrie, à
faire davantage valoir leur argent : un faineant,
qui

qui a quatre cent mille francs, qui lui raportent
au denier vingt - cinq feize mille livres de rente ,
en peyant le centiéme de fon capital , peyera
à l'Etat 4000. livres , ce qui fait le quart de fon revenu , au lieu qu'un Marchand actif , induftrieux,
riche de pareille fomme , tirera de fes quatre cens
mille francs plus de quarante mille livres de revenu année comune , & ne peyera que 4000. liv.
non plus que le faineant , & ce ne fera que le dixiéme de fon revenu ; or rien n'eft plus important
pour le bonheur & pour l'enrichiffement d'un Etat,
que d'y voir ainfi le laborieux recompenfé de fon
travail , & le faineant puni de fa faineantife.

OBJECTION XXV.

Si vous voulez toucher tous les ans à l'eftimation
des fonds de chacun, cet examen ocupera trop lontems le Préfident des eftimations , & ce fera un
furieux travail à recomencer tous les ans ; d'ailleurs
la valeur des fonds ne change pas fi fort d'une année à l'autre , que cela merite une nouvelle eftimation : enfin il arive fouvent que de deux anées ,
l'une recompenfe l'autre.

RÉPONSE.

1°. Il y a deux chofes à confiderer dans l'eftimation des fonds de chacun. La premiere , c'eft ou
l'augmentation, ou la diminution du nombre des
arpens de terre ou des maifons ; il eft certain que
pour cette forte de diminution , qui vient par

des ventes, par des incendies, &c. & que pour cette forte d'augmentation, qui vient par des fucceffions, par des donations ou autrement, il faut tous les ans y avoir egard dans l'eftimation du bien de chaque Taillable, mais cela fera bien-tôt fait.

2°. La feconde chofe à confidérer, c'eft la valeur anuelle du même fonds, il eft vrai que cette valeur varie tous les ans : mais il femble raifonable de ne rien changer à la derniere eftimation, à moins qu'il ne foit juftifié & décidé à la pluralité des voix, que ce fonds doit être eftimé plus ou moins d'un cinquiéme, que la derniere eftimation, comme de 80. liv. à 100. liv. ou de 100. liv. à 80. liv. *& l'on en peut faire un article de reglement.*

OBJECTION XXVI.

Il y a des Paroiffes, où il n'y a que dix ou douze feux, voulez-vous qu'il y ait dix Eftimateurs, tous les Taillables de cette Paroiffe feront donc Eftimateurs?

RE'PONSE.

Il n'y a nul inconvénient que tous les Taillables d'une Paroiffe foient les Juges les uns des autres, fi ce n'eft quand le nombre en eft fi grand, que les déliberations ne peuvent fe faire fans confufion & fans défordre; or dans la fupofition d'un petit nombre de Taillables, cet inconvénient n'eft plus à craindre.

OBJECTION. XXVII.

Je conviens qu'il eft aifé de voir fi celui, qui a fon bien en terre, ou fi celui qui vit de fon travail, done une declaration jufte : mais coment poura-t-on affeoir un Jugement bien fondé fur la déclaration d'un Marchand, qui a fon bien en argenr, en billets, en marchandifes, dont une partie n'eft pas même fur le lieu, vous ferez donc forcé d'en venir à une eftimation, qui fera purement arbitraire, & par conféquent fort fujete à la difproportion.

RE'PONSE.

1º. La République de Holande eft pleine de Marchands ; or, quand ces Marchands font taxez au centiéme, il faut bien qu'il y ait dans cette République des moyens pour éviter d'un côté l'inconvénient des déclarations trop foibles d'un quart ou d'une moitié, & de l'autre il faut bien qu'il y ait des moyens pour éviter le grand inconvénient, qu'il y auroit à taxer les Marchands d'une maniere arbitraire & difproportionée, en eftimant leurs biens à un quart, à une moitié plus que leur veritable valeur ; or ces moyens fe peuvent prendre chez eux, nous pouvons même les inventer pour nous, comme ils les ont inventez pour eux-mêmes.

2º. Quand tous les biens du Marchand taillable feront donnez en détail, il fera facile de vérifier plufieurs omiffions, s'il y en a quelqu'une qui foit le centiéme de fon bien ; or, fi par fa déclaration il renonce en faveur de la Paroiſſe à tous autres éfets, ou du moins s'il eſt ordoné , que l'éfet omis, s'il eſt au moins la centiéme partie du bien du déclarant , apartiendra à la Comunauté de la Paroiſſe, on peut s'aſſurer qu'il n'y aura jamais d'omiſſions conſidérables dans la déclaration des Marchands taillables ; un Marchand ne ſe haſardera jamais de perdre cent francs , ni même cinquante francs pour gagner vint ſous , pour gagner dix ſous de taille. *On peut en former un article du reglement.*

OBJECTION XXVIII.

Le Marchand a ſouvent des billets ſur des perſones peu ſolvables , ou des actions ſur des ſocietez, où il y a à perdre , voulez-vous qu'il peye le centiéme de ces effets , come s'ils étoient bons , come s'ils valoient pareille ſomme argent contant.

RÉPONSE.

10. Je conviens qu'un Marchand a des billets & des actions de diférentes valeurs , mais il lui ſera facile dans l'eſtimation de ſes billets , de metre à l'article de chaque billet ce qu'il l'eſtime d'argent comptant ; & pour l'obliger à faire ces eſtimations juſtes , on peut ordoner qu'il ſera libre à tous les Eſtimateurs de la Paroiſſe , de prendre l'éfet qu'ils voudront pour le prix argent contant que le Marchand l'aura eſtimé ; on peut dire qu'alors le Marchand ne riſquera pas de perdre beaucoup par une eſtimation beaucoup trop foible , *& l'on peut en faire un article du reglement.*

2°. C'eſt faire beaucoup pour le Marchand, que de le metre à couvert d'être jamais taxé au-deſſus de ſes forces, puiſque dans l'eſtimation de ſes biens les Eſtimateurs feront obligez de ſuivre ſon eſtimation, & il ne ſera jamais à plaindre, quand on lui fera perdre ce qu'il aura omis, puiſqu'il n'a tenu qu'à lui de ne rien omettre de conſidérable, c'eſt à dire, rien qui puiſſe être regardé comme la centiéme partie de ſon bien, il n'aura pas non plus à ſe plaindre, ſi quelques Eſtimateurs achetent quelques-uns de ſes effets au prix que lui-même y aura mis, s'il y perd quelque choſe, il n'aura à s'en prendre qu'à lui-même; or c'eſt beaucoup faire dans le Gouvernement, que d'établir de ſi bonnes loix, que perſone ne puiſſe ſoufrir de pertes par la mauvaiſe volonté ou par l'ignorance des autres, & que chacun ne puiſſe imputer qu'à lui-même la peine qu'il ſoufrira, pour avoir été injuſte envers le Roi ou envers l'Etat, & l'on peut *ainſi faire un article de reglement*, tant pour obliger les Eſtimateurs à ſuivre l'eſtimation des Marchands taillables, que pour empêcher les Marchands de faire des omiſſions conſidérables dans leurs déclarations, & d'eſtimer leurs effets beaucoup au-deſſous de leur veritable valeur.

OBJECTION XXIX.

C'eſt diminuer le credit d'un Marchand, que de l'obliger de doner une déclaration de ſes effets, de tout ce qui lui eſt dû, & de tout ce qu'il doit; car ſouvent les autres Marchands lui donent de la marchandiſe à credit, parce qu'ils le croyent encore plus riche, qu'il n'eſt en efet.

RÉPONSE.

1°. L'ignorance, où font certaines perfones, du veritable état des afaires d'un Marchand, peut bien quelquefois les perfuader de lui doner plus de marchandifes à crédit : mais cette même ignorance peut bien empêcher ceux, qui le croyent moins riche, qu'il n'eft·en effet, de lui prêter autant qu'ils lui prêteroient, s'ils voyoient la déclaration originale des biens de ce Marchand ; ainfi cette ignorance peut lui être auffi nuifible qu'utile, & comme la défiance exceffive eft encore plus ordinaire que la confiance exceffive, il eft évident que cette ignorance, où font tous ceux qui ont comerce avec lui, eft à tout prendre, plus nuifible, qu'avantageux à ce Marchand.

2°. Ce qui fait naître le plus de confiance entre Marchands, c'eft la conduite l'ordre & le fuccès d'un Marchand ; or les Marchands corefpondans, en voyant tous les ans par ces diférentes declarations originales, que les biens & les effets du Marchand vont toûjours en augmentant, ils confieront plus volontiers plus d'argent & de marchandifes à ce Marchand : ainfi l'on peut dire qu'un Marchand entendu & bon ménager, tirera un grand avantage de fa déclaration anuelle & autentique pour l'augmentation de fon crédit, lorfqu'il la comuniquera à fes corefpondans. Il eft vrai par la même raifon, qu'un Marchand pareffeux, peu habile & peu induftrieux, poura y perdre de fon crédit, mais ce ne fera qu'au profit du Marchand laborieux

& induſtrieux ; or il n'eſt pas de l'interêt du comerce de l'Etat, que les plus laborieux & les plus induſtrieux ayent le plus de crédit.

3°. Ce que les Marchands en général ont le plus à cranidre dans leur comerce, ce ſont les diférentes pertes qu'ils peuvent ſoufrir par les banqueroutes de quelqu'un de leurs coreſpondans, & l'on peut dire que le comerce augmenteroit de plus d'un quart, ſans *cette crainte*, qui diminue fort la confiance : or, ſi chacun d'eux voyoit tous les ans l'état certain des biens de ſes coreſpondans, il confieroit plus aux uns & moins aux autres, & éviteroit ainſi les pertes conſidérables.

4°. Il arive quelquefois que la banqueroute d'un Marchand, que ſes coreſpondans croyoient ſeur, les empêche de doner à crédit à ceux même, qui ſont véritablement très-ſolvables, & leurs effets demeurent ainſi en non-valeur par cette défiance exceſſive que cette banqueroute a cauſée dans leur eſprit, & cette grande quantité de petites non-valeurs devient une perte conſidérable pour l'Etat : or, quand le comerce ne ſe peut plus faire qu'avec de l'argent comptant, ou par un échange actuel de marchandiſes contre marchandiſes, ou des marchandiſes contre de l'argent, qui eſt une autre ſorte de marchandiſe, on peut dire qu'il diminue de plus de la moitié.

5°. Un des plus grans inconvéniens des banqueroutes à l'égard des créanciers, c'eſt que le banqueroutier a la liberté de cacher beaucoup d'éfets, dont les créanciers ne peuvent avoir aucune conoiſſance ; or ces déclarations anuelles, dont ils auroient des copies, inftruiroient incomparablement mieux de la nature & de la valeur de ces efets, & de tous leurs corefpondans; ainfi on peut dire qu'il n'y auroit prefque plus de banqueroutes confidérables, remediez aux fraudes des banqueroutes, les créanciers, qui perdent prefentement les trois quarts & demi de leurs creances par les banqueroutes, n'en perdroient pas fouvent la huitiéme partie.

6°. Le Marchand, qui, dans fa déclaration fe feroit plus riche du double, qu'il n'eft, foit en fe fupofant la moitié plus d'effets, foit en les eftimant la moitié trop, foit en diffimulant, & cachant la moitié de ce qu'il doit, feroit bien-tôt découvert par quelqu'un des autres Marchands, à qui il feroit facile de vérifier la fauffeté de quelque dette omife, alors fon crédit diminueroit tout d'un coup de plus de la moitié, & fes corefpondans en viendroient au point, de croire faux les biens mêmes réels & véritables qu'il auroit : ce qui me perfuade qu'il y auroit très-peu de ces déclarations exagerées du double, fur tout lorfqu'il faudroit peyer le fubfide double fur le pied de la déclaration.

7°. Il en reviendroit même un autre bien à l'Etat, c'eft que le public voyant les billets qu'a un Marchand fur certains particuliers marchands ou non marchands, eftimez à la moitié, eftimez au tiers de la fomme portée au billet, cela aprendroit au public à fe prendre garde de fe trop confier à ces particuliers; or la crainte de voir diminuer beaucoup fon crédit, empêcheroit beaucoup de perfones de tant dépenfer; on leur prêteroit moins facilement, & on les empêcheroit ainfi malgré eux de

fe

ſe ruiner par le luxe, & par des dépenſes exceſſives & inutiles, & de ruiner les Marchands : c'eſt une maniere détournée de diminuer le luxe, & de diminuer le nombre des gens ruinez, dont le grand nombre eſt très-dangereux pour le repos d'un Etat, parce qu'ils ne voient nulle reſſource dans leurs afaires particulieres, que dans le bouleverſement des afaires générales.

8°. Je conviens que chaque Marchand aura une ſorte de peine, à rendre ainſi public tous les ans l'état de ſes afaires : mais il en ſera avantageuſement recompenſé par la conoiſſance exacte qu'il aura de l'état des afaires de ceux qu'il a, ou qu'il ſe propoſe d'avoir pour coreſpondans.

9°. On voit bien par les principes que j'établis, pour montrer qu'il eſt de l'avantage des Marchands taillables, de rendre public tous les ans l'état de leurs afaires ou leur *Bilan*, comme parlent les Marchands, que cet avantage s'étend ſur le total des Marchands qui ne ſont point taillables, mais j'en pourai parler ailleurs.

On peut donc ſoûtenir avec beaucoup de raiſon, que quand il ne ſeroit pas extrêmement de l'interêt de l'Etat, d'avoir tous les ans le Bilan des Marchands pour en tirer des ſubſides proportionez à leurs biens, & pour ne point metre ni les Intendans ni les Colecteurs au haſard, de vexer aucun d'eux dans l'impoſition de la Taille ou de la Capitation, il ſeroit extrêmement de l'interêt de chacun des Marchands en particulier, & de l'interêt du Comerce en général, que tous ces *Bilans* devinſſent publics, afin que les fripons, les pareſſeux, les

P

prodigues, les mal-habiles fuffent décréditez, avant que de pouvoir caufer aucun préjudice aux autres, & que les gens de probité, exacts, laborieux, éco- nomes, puffent profiter davantage de leur exacti- tude, de leur probité, de leur habileté, de leur tra- vail & de leur économie, par l'augmentation de la confiance de leurs corefpondans.

AVERTISSEMENT.

J'Aurois encore quelques dificultez à éclair- cir & quelques articles fubalternes à pro- pofer fur le modele des déclarations des Tail- lables, fur la proportion de l'Impofition par raport aux biens des Veuves & des Orfelins, & par raport à l'induftrie des fimples Arti- fans, ou infirmes, ou trop chargez d'enfans, fur les moyens de pourvoir à la fureté des Colecteurs, fur la forme des Elections des Préfidens, fur le Greffe général des Eftima- tions, &c. Mais la plûpart de toutes ces chofes peuvent fe regler facilement & peu à peu, tant fur les Mémoires des Préfidens des Eftimations & d'autres perfones habiles, que fur l'avis des Intendans ; & je ferai fort con- tent fi quelques-unes de mes vûës peuvent fervir de quelque chofe à faciliter un établiffe- ment, qui me paroît très-avantageux pour ma

patrie en général, très-défirable pour les pauvres en particulier, & par conféquent très-glo-
rieux pour la Régence.

AUDIANT PAUPERES ET LÆTENTUR.

Au Palais Royal, 27. May 1717